Mietek Pemper

Der kluge Kopf hinter Oskar Schindlers Liste

Viktoria Hertling

Mietek Pemper

Der kluge Kopf hinter Oskar Schindlers Liste

```
KL Groß-Rosen - AL Brünnlitz         Namensliste / 21.10.44 / Blatt 12

Lfd.
Nr.   Art    H.Nr.   N a m e  und Vorname   Geb.-Datum        Beruf

661.  Ju.Po. 69506   Jereth Simon           11. 1.1888   Holzmannipulant
662.   "         8   Garde Mieczyslaw       14. 1.1921   Schlossergeselle
663.   "         9   Kessler Jerzy          24. 4.1921   Schreibkraft
664.   "     69510   Goldberg Marcel        11. 4.1915   Bilanzbuchhalter
665.   "         1   Rosen Szymon           17. 7.1900   Schreibkraft
666.   "         2   Eule Izydor            14. 1.1912   Korrespondent
667.   "         3   Glücksmann Naftali     10. 2.1898   ang.Klempner
668.   "         4   Pemper Mieczyslaw      24. 3.1920   Buchhalter-Stenotypist
669.   "         5   Garde Adam             24. 9.1913   Bauarchitekt
670.   "         6   Guthers Adolar         22.11.1915   Schreibkraft
671.  Ju.Dt.    7   Dawidowitsch Erwin     19. 7.1897   Schreibkraft
672.  Ju.Po.    8   Stern Isak             25. 1.1901   Bilanzbuchhalter
673.   "         9   Kessler Maksymilian    6. 1.1895   Buchhalter
674.   "     69520   Brautmann Henryk       20.10.1900   Buchhalter
675.   "         1   Grünwald Dawid         12. 5.1900   Korrespondent
676.   "     69565   Rosfeld Salomon        26. 1.1893   ang.Metallverarb.
677.   "     69566   Reisfeld Baruch        24. 5.1920   Drehergeselle
678.   "     69573   Tenenbaum Szymon       13.10.1918   Bautechniker
679.   "     69592   Haubon Izak            10. 5.1898   ang.Metallverarb.
680.   "     69606   Weinstein Berl         20. 9.1904   ang.Mechaniker
681.   "     69608   Weiser Osiasz          10. 6.1906   Klempnergehilfe
682.   "     69645   Kleinmann Feiwel       26.12.1926   ang.Schlosser
683.   "     69655   Eilsmacher Mendel      29.10.1914   Holzdrechsler
684.   "     69658   Hecht Izak             14. 5.1912   Malergeselle
685.   "     69666   Jakubowski Hersch      22.12.1903   ang.Schlosser
686.   "     69690   Goldstein Adolf        23. 1.1912   ang.Metallverarb.
687.   "     69742   Weingarten Mechiel     15. 2.1916   Schlossergeselle
688.   "     69743   Hoffmann Zdenek        20. 3.1914   Mechanikergeselle
689.   "     69789   Herzberg Henoch        27. 7.1899   ang.Schlosser
690.   "     69832   Goldwasser Marcel      15. 1.1920   Maschinenbautechniker
691.   "     69833   Goldwasser Aleksander  23.11.1888   Hochbauingenieur
692.   "     69886   Jassy Ascher           25. 2.1907   ang.Metallverarb.
693.   "     69928   Ptasznik Chaim         11.10.1909   Sattlermeister
694.   "     69951   Ptasznik Aba           3. 8.1914   Sattlermeister
695.   "     69957   Zimmermann Maks        7. 7.1917   Autoschlossergeselle
696.   "     69944   Wahrhaft Moses         8.11.1905   ang.Metallverarb.
697.   "     74558   Kestenberg Szyja       25. 8.1912   ang.Schlosser
698.   "     74684   Goldwerth Aron         6. 6.1902   ang.Nähmaschinenmech.
699.   "     69741   Weingarten Jakob       18. 1.1918   Schlossergeselle
700.   "     74695   Teitelbaum Eliasz      22. 5.1908   Schreibkraft
```

Abb. 1: Letzte Seite (S. 12) der Transitliste vom 21. Oktober 1944 mit den Namen von 700 Männern

Am 28. Juli 1958, wenige Monate nach seiner Ausreise aus Polen und Übersiedlung in die Bundesrepublik, kontaktierte Mietek Pemper[1] den International Tracing Service (ITS) in Bad Arolsen und stellte dem Suchdienst diverse Listen zur Verfügung. Bei diesen – so Pemper in einer beigefügten eidesstattlichen Erklärung – handle es sich um die Namen von 700 Männern und 300 Frauen. Die Listen seien echt und von ihm während seiner Inhaftierung zusammengestellt. Als »Häftlingsschreiber« sei es ihm bei der Befreiung des Lagers Brünnlitz am 9. Mai 1945 möglich gewesen, einen Teil der Bürounterlagen an sich zu nehmen.[2]

Mietek Pemper hatte diese Listen aus Kraków mitgebracht.[3] Dass er in seinem Begleitbrief den Namen des deutschen Lebensretters nicht erwähnt, liegt vermutlich an der damaligen politischen Lage. Bis 1945 hatten viele Menschen zu den Gräueltaten an Juden, Sinti und Roma, politischen Gegnern des Regimes, Homosexuellen und anderen Gruppen weitgehend geschwiegen, sie hatten weggeschaut oder gar im Nachhinein behauptet, man habe ja gar nichts tun können – wäre sonst höchstwahrscheinlich selber in einem KZ gelandet.[4] In den 1950er Jahren befanden sich viele der Täter und Sympathisanten des Systems wieder in Amt und Würden – sei es als Lehrer, Ärzte, Staatsanwälte, Richter, Bibliothekare, Professoren oder in der Verwaltung – ganz im Sinne von Konrad Adenauers Bemerkung, man könne schmutziges Wasser nicht wegschütten, wenn noch kein sauberes Wasser zur Verfügung stehe.[5]

Für die Menschen auf den besagten Listen, die inzwischen entweder in den USA, in Israel, in Australien, in Argentinien oder in Deutschland lebten, war es damals schwierig, ihrem sozialen Umfeld einzugestehen, ihr Überleben einem offiziellen NSDAP-Parteimitglied zu verdanken. Darum waren Oskar Schindler[6] und seine außergewöhnliche Rettungstat außerhalb des Kreises der Geretteten und deren Angehörigen so gut wie nicht bekannt. Die aber zollten ihrem Beschützer Hochachtung und bekundeten ihm ausgesprochene Dankbarkeit.[7]

Oskar Schindler war Ende der Fünfzigerjahre ohne seine Frau Emilie aus Argentinien in die Bundesrepublik zurückgekehrt. Hier musste er lange für die Anerkennung seiner Handlungen während der Nazizeit kämpfen. Oft wurde er beschimpft und hin und wieder sogar auf offener Straße angepöbelt. Hingegen halfen viele der vormaligen Schützlinge – »meine Juden«, wie Schindler sie gerne etwas altväterlich nannte – ihm beim beruflichen Neustart als Unternehmer. Auch Mietek Pemper gehörte zu denen, die Oskar Schindler halfen. Leider blieben diese Bemühungen erfolglos. In der Nachkriegsnormalität der Bundesrepublik ist Schindler nie mehr auf die Füße gekommen. 1974 starb der einst wohlhabende Lebensretter verarmt in Hildesheim. Im Herbst 1980 gelang es dem Schindler-Überlebenden Leopold Pfefferberg[8] bei einem Zufallstreffen in Los Angeles in dessen Lederwarengeschäft, den australischen Autor Thomas Keneally zu überreden, ein Buch über Oskar Schindler zu schreiben. Seit der Verfilmung des Romans im Jahr 1993 kennen mehr als 350 Millionen Menschen den Namen Oskar Schindler.

Bis zum Sommer 2001 wusste ich kaum etwas über Mietek Pemper. Keneally erwähnt in seinem Roman den »accountant« Pemper eher als Randfigur.[9] Im gleichnamigen, Oscar-prämierten Film wird sein Name nur ein einziges Mal genannt.[10] Anders verhält es sich in einem im Zuge der Spielberg-Verfilmung in Deutschland publizierten Zeitzeugenbericht. Die polnische Autorin Stella Müller-Madej beschreibt Pemper als einen »außergewöhnlich anständigen Menschen«, der als »Stenograph« des Lagerkommandanten Amon Göth Zugang zu wichtigen Dokumenten hatte, wodurch er vielen Menschen, auch ihren Eltern und ihrem Bruder, helfen konnte. Außerdem habe er an »Transportlisten« mitgearbeitet und über enge Kontakte zu Oskar Schindler verfügt. Schließlich sei es Pemper gelungen, kurz vor Kriegsende »einen riesigen Bogen Papier [...] so lang wie ein Handtuch« aufzutreiben, damit alle Häftlinge mit ihrer Unterschrift Schindler für ihr Überleben danken könnten.[11]

Als Müller-Madej Anfang der 1980er Jahre ihr Manuskript polnischen Verlagen zur Veröffentlichung anbot, wurde es abgelehnt. An KZ-Themen bestünde kein Interesse mehr. Zudem sei die Beschreibung vom Überleben eines jüdischen Kindes in drei nationalsozialistischen Lagern doch eher fragwürdig, wenn nicht gar unwahrscheinlich. Enttäuscht, zudem entmutigt von der Unterstellung, ihre Qualen erfunden zu haben, veröffentlichte Müller-Madej das Manuskript im Selbstverlag.[12] Dass mehr oder weniger zeitgleich, am 18. Oktober 1982, in London ein Roman über Oskar Schindler erschien und den begehrten Man-Booker-Preis erhielt, wusste im damals kulturell und politisch isolierten Polen niemand. Umgekehrt wusste niemand im englischsprachigen Raum etwas von dem Buch einer polnischen Schindler-Überlebenden.

Stella Müller-Madejs Erinnerungsbuch ist das bewegende Zeugnis einer jüdischen Frau, die als Kleinkind im Ghetto von

Kraków, im Zwangsarbeits- und Konzentrationslager Płaszów und schließlich – nach einem Zwischenaufenthalt in Auschwitz – in Oskar Schindlers Arbeitslager Brünnlitz war. Ihr Lebensbericht wurde in Deutschland erst nach der Verfilmung des Keneally-Romans veröffentlicht. Das Mädchen Stella wird geschlagen und lebt in ständiger Todesangst. Auch als Kind muss sie in Płaszów Appell stehen, bei Exekutionen zusehen und bei der zwölfstündigen Arbeit, dem Säubern und Reparieren von Wehrmachtsuniformen, hört sie Beleidigungen wie »Schneller, schneller, ihr Huren«. Als im Mai 1945 Mithäftlinge einen besonders brutalen Kapo hinrichten, löffelt die traumatisierte, inzwischen Fünfzehnjährige seelenruhig ihre Suppe. Über ihr abgestumpftes Verhalten noch Jahrzehnte später entsetzt, fragt sich die Autorin, ob es für sie jemals wieder möglich sein könne, normal zu fühlen und zu handeln. »Ich bin zwiegespalten«, gesteht sie in einem Interview. »Eine Hälfte von mir ist zivilisiert und gesellig, die andere Hälfte jedoch will alleingelassen werden, will nichts mit Menschen zu tun haben. [...] Der Mangel an Respekt am menschlichen Leben hat eine derartige Wirkung auf mich gehabt, dass ich Tiere mehr als Menschen liebe.«[13] Die Autorin gehört zu den Jüngsten, die dank Oskar Schindlers Rettungsaktion den Holocaust überleben konnten.

Im Rahmen einer internationalen Konferenz über traumatisierende Kindheitserfahrungen hatte ich im Mai 2001 Müller-Madejs Erinnerungsbuch an der Jagiellonen-Universität vorgestellt.[14] Da ein Interview mit der damals noch in Kraków lebenden Autorin nicht möglich war, hoffte ich wenigstens mit dem Mann zu sprechen, der Müller-Madej auf ihren Lesereisen durch Deutschland als ihr Übersetzer begleitet hatte und das Buch sogar hatte redigieren dürfen.[15] Mietek Pempers Adresse und Telefonnummer bekam ich von Joseph Kempler, der wie ich in Reno (Nevada, USA) lebte. Kaum sechzehnjährig war Kempler Mitte August 1944 vom KZ Płaszów aus – zusammen mit eintausend anderen Juden – ins KZ Mauthausen verschleppt worden. Im engeren Sinne ist Kempler zwar kein »Schindler-Jude«, doch die Szene des Abtransports – Oskar Schindler in weißem Sommeranzug, der, zum Gaudi der SS-Oberen, bei glühender Hitze die in Güterwaggons Eingepferchten mit Wasser versorgt und dafür verspottet wird – ist in Steven Spielbergs Film eindrucksvoll dargestellt. Aus diesem Grund hatte sich Joseph Kempler bereit erklärt, regelmäßig in meinen Seminaren an der University of Nevada, Reno, zu meinen Studentinnen und Studenten zu sprechen. Bei unseren langen Gesprächen über sein Leben als jüdisches Kind im Ghetto und später im Lager erwähnte Kempler dann auch, im Frühjahr 1946 habe er als mittlerweile Achtzehnjähriger zusammen mit anderen Überlebenden Amon Göth in der Nähe von München als KZ-Kommandanten identifizieren können. Dabei soll sich einer den makabren Scherz erlaubt haben, Göth militärisch forsch mit »Herr Kommandant! Vier jüdische Schweine angetreten!« begrüßt zu haben.[16] Amerikanische Ermittler lieferten Göth daraufhin zusammen mit dem Kommandanten von Auschwitz, Rudolf Höß, nach Polen aus. Dass Göth anschließend in Kraków der Prozess gemacht, er zum Tode verurteilt und Mitte September 1946 auch gehängt worden war, wusste Kempler. Von der Rolle Mietek Pempers als Hauptzeuge der Anklage wusste Kempler nichts. Auch mir wurde Pempers einzigartige Funktion als persönlicher Schreiber und Stenograph des KZ-Kommandanten Amon Göth erst im Laufe meines ersten Gesprächs im Sommer 2001 klar.[17]

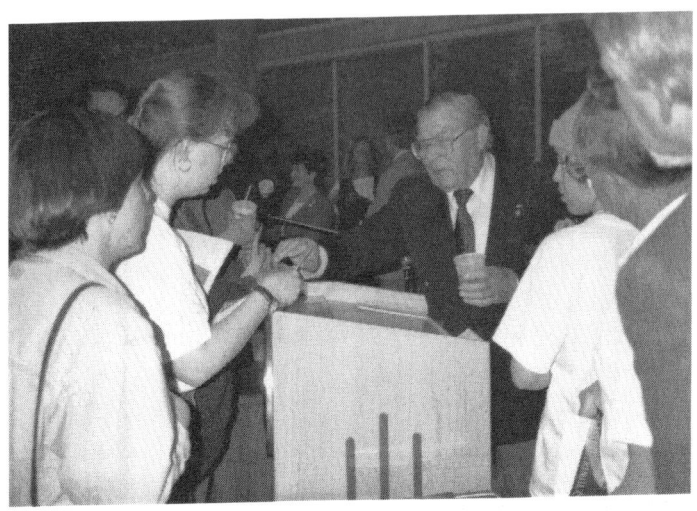

Abb. 2: Leopold »Poldek« Pfefferberg an der University of Nevada, Reno, am 4. April 1995

Bevor ich mich nach Abschluss der Konferenz in Kraków zu Mietek Pemper nach Augsburg aufmachte, begab ich mich zum Areal des ehemaligen Konzentrationslagers. Sechs Jahre zuvor war ich schon einmal dort gewesen. Damals war ich Gast von Leopold Pfefferberg aus Los Angeles, den ich 1995 mit seiner Frau Mila zu einem Vortrag an meine Universität eingeladen hatte. Ausgerüstet mit einer mir von Pfefferberg überlassenen Lagerskizze ging ich nun ein weiteres Mal von der Krakauer Innenstadt Richtung Süden die Jerozolimska Straße entlang. Die genaue Stelle des Lagereingangs ist nicht mehr auszumachen. Sobald allerdings rechter Hand Überreste der von den Nazis gesprengten jüdischen Aussegnungshalle sichtbar werden, befindet man sich bereits auf ehemaligem Lagergelände.[18] Die Baracke der Kommandantur steht nicht mehr, sie befand sich aber unmittelbar daneben. Was ebenfalls fehlt, sind die Schienenstränge, auf denen Güterzüge bis ins Lager fuhren, um

Häftlinge nach Auschwitz, Mauthausen oder andere Lager abzutransportieren. Die Lagerstraße hatten die Nazis damals mit zertrümmerten Grabsteinen und Marmorplatten der von ihnen zerstörten jüdischen Friedhöfe pflastern lassen. 2001 ist diese Straße geteert. An der Kreuzung Jerozolimska und Abrahama, ebenfalls rechter Hand, steht noch immer das Graue Haus. Durch die offenstehende Hintertür und über ausgetretene Stufen stieg ich in den muffig riechenden Keller. Hier befanden sich u. a. die berüchtigten Stehbunkerzellen – winzige Zementkammern, in denen Häftlinge 24 Stunden lang in gebückter Stellung ausharren mussten. Derart gemartert begann danach für sie der übliche, zwölfstündige Arbeitstag. Auch Mietek Pemper war im Herbst 1944, wie ich später erfahren sollte, dort in einer der regulären Gefängniszellen eingesperrt gewesen. SS-Leute wohnten damals in den oberen Etagen. Das renovierungsbedürftige Gebäude ist bewohnt. Ich hörte Stimmen aus einem

Abb. 3: Das Graue Haus auf dem ehemaligen Areal des KZs Płaszów (2002)

Abb. 4: Mahnmal für die ermordeten nicht-jüdischen Polen in Płaszów (1995)

Abb. 5: Mahnmal für die jüdischen Opfer in Płaszów (2001)

Radio oder dem Fernseher, und im Garten lag zerbrochenes Plastikspielzeug. Auf der Wäscheleine hingen Jeans, bunte Arbeitshemden, Blusen und T-Shirts. Daneben sah ich Bruchstücke von Zementpfeilern mit Stacheldrahtresten, die allerdings auch zurückgelassene Requisiten von den Dreharbeiten des Films *Schindlers Liste* sein könnten. Bis 1944 umgaben doppelte, elektrisch geladene Stacheldrahtzäune – unterbrochen von Wachtürmen mit Scharfschützen – das circa 800.000 m² große Areal. Seit den 1960er Jahren gibt es an der Peripherie des Geländes ein riesiges Mahnmal für die inhaftierten und ermordeten nicht-jüdischen Polen. Dagegen nimmt sich der Gedenkstein für die jüdischen Opfer aus Polen, Ungarn und Deutschland eher bescheiden aus. 2001 sah ich eine offizielle Hinweistafel auf Polnisch und auf Englisch über die – wie es lakonisch heißt – »schmerzliche Geschichte« dieses Ortes.

Abb. 6: Hinweistafel in der Nähe des Grauen Hauses (2002)

Entlang der einstigen Lagerstraße, etwa zweihundert Schritte vom Grauen Haus entfernt, befand sich die vormals elegante, von Kommandant Amon Göth für seine Zwecke requirierte Villa. Auch dieses inzwischen verwahrloste Gebäude ist bewohnt.[19] Göth liebte Prunk, üppige Gelage und hielt sich neben mehreren Bediensteten und einem hauseigenen Häftlingsorchester auch einen Fuhrpark mit Luxuskarossen der Marken Mercedes, BMW und Horch. Für die unteren Ränge der SS-Wachmannschaften betrieb Göth ein lagereigenes »Fröhliches Häuschen«, in dem sich nicht-jüdische Polinnen prostituieren mussten. Die Häftlinge fürchteten den jähzornigen und unberechenbaren sowie übergewichtigen Hünen mit 1,93 Metern Körpermaß, der im Lager gerne auch mal auf einem Schimmel unterwegs war. Die für Häftlinge bestimmten Fleischrationen verfütterte Göth teilweise an die beiden auf Menschen abgerichteten Hunde. Später, in Augsburg, zeigte Mietek Pemper mir seine große Narbe am rechten Oberarm, denn auch er wurde von einem der Tiere angefallen. Beim Kriegsverbrecherprozess im September 1946 wurden Amon Göth mehr als 500 persönlich begangene Morde nachgewiesen – ganz zu schweigen von tausenden angeordneter Exekutionen durch ihm unterstellte SS-Männer. Das inzwischen mit hohem Gras und Sträuchern überwucherte Gelände ist noch immer stellenweise steinig, kalkig und sumpfig. Die Terrainunterschiede sind beachtlich. Entkräftete Häftlinge – vor allem Frauen und Mädchen – wurden wie Zugtiere eingespannt, um Loren mit riesigen Steinbrocken zu ziehen. Göth brüstete sich in diesem Zusammenhang seinen SS-Chefs gegenüber gerne mit seiner »Ein-Stein-Theorie«.[20] Die abschätzige Formulierung auf Kosten des jüdischen Nobelpreisträgers und Wissenschaftlers hielt Amon Göth für besonders lustig. Pemper erzählte mir später, er habe dem Kommandanten zwar des Öfteren schallend lachen hören, doch Humor, Esprit oder Witz habe er keinen besessen. Vielmehr waren es krude Sprüche wie »Wer zuerst schießt, hat mehr vom Leben«, die Göth als witzig empfand. Pemper hatte diesen Spruch im Jagdzimmer der Villa gesehen, als er dort Mitte August 1944 wegen eines Diktats auf den Kommandanten hatte warten müssen.[21]

Die meisten der vom Lager Płaszów noch existierenden Fotos stammen von Raimund Titsch, dem österreichischen Leiter der Lagerwerkstätten des Textilfabrikanten Julius Madritsch.[22] Leopold Pfefferberg hatte Titsch in den 1960er Jahren in Wien kontaktiert, ihm die bisher aus Vorsicht versteckt gehaltenen Negative abgekauft, in Israel entwickeln lassen und später an das United States Holocaust Memorial Museum in Washington (USHMM) übergeben. Ohne Titsch, der sich als Nichtjude im Lager frei bewegen konnte, gäbe es nicht das inzwischen zu einer regelrechten »Ikone des Bösen« gewordene Foto eines dickbäuchigen Kommandanten mit nacktem Oberkörper und geschultertem Gewehr. Göth war dafür bekannt, vom Balkon der Villa Häftlinge ins Visier zu nehmen und von dort zu erschießen. In Augsburg erzählte Mietek Pemper mir dann später bestätigend, dass Göth hin und wieder vom Büro der Kommandantur aus – ein beliebiges Diktat dabei kurz unterbrechend – zufällig etwas langsam gehende Häftlinge willkürlich erschoss. »Wo waren wir stehen geblieben?«, hat er anschließend seinen entsetzten Schreiber gefragt.[23] In Göths offiziellen Partei- und SS-Akten aus dem Jahr 1944 gibt es mehrere Hinweise auf dessen »Qualitäten« – vor allem seine fehlenden Gewissensbisse.

Der Österreicher Amon Leopold Göth aus Wien gehörte bereits seit 1925 der HJ an, und seit dem 13. Mai 1931 war er Mitglied der NSDAP (Mitgliedsnummer 510764). Er war somit für österreichische Nazis ein geachteter »Illegaler« und »alter Kämpfer«. Bereits seit 1930 war Göth Mitglied der »Schutzstaffel« (SS-Ausweis Nr. 43673). In zweiter Ehe verheiratet war er mit Anna Geiger und hatte zwei kleine Kinder.[24] Seine Vorgesetzten beschrieben Göths »nat.-soz. Weltanschauung« als positiv und »frei von jeder konfess. Bindung«. Göth war »kathl. Gottgl.«, d. h. vormals römisch-katholisch und nunmehr »gottgläubig«. Diese Bezeichnung galt ab dem 26. November 1936 als Religionszugehörigkeit außerhalb der beiden etablierten Kirchen. »Gottgläubige« Menschen waren aus den offiziellen Kirchen ausgetreten, wollten jedoch nach außen hin nicht als glaubenslos gelten. »Gottgläubig« zu sein bedeutete eine enge ideologische Nähe zum Nationalsozialismus. Folglich galt Göth für seine Vorgesetzten als »weltanschaulich« gefestigt, als »aufrechter Nationalsozialist & opferfreudiger & einsatzbereiter SS-Mann«. Er sei zum »SS-Führer geeignet«. Doch einer schnellen Beförderung standen 1941 sein fehlender Wehrdienst und Fronteinsatz entgegen. Stattdessen gab Göth an, »Verwaltungsführer der Volksdeutschen Mittelstelle« gewesen zu sein. Als »Auslandseinsätze« listete er Albanien, Italien, Ungarn und die C.S.R.[25] Im März 1943 war er dann endlich Herr über Leben und Tod tausender Menschen und empfand sich als »König von Płaszów«. Für Göth war es ungeheuer wichtig, dass keiner ihm widersprach, und er über ihm untergebende Menschen unumschränkte Macht ausüben konnte.

Am 1. Januar 1945 gab es in den 20 europaweit existierenden Konzentrationslagern mit hunderten von Nebenlagern noch 706.648 Häftlinge. Im KZ Płaszów belief sich die Zahl auf 636, da seit Herbst 1944 das Lager Schritt für Schritt abgebaut und tausende Häftlinge in andere Lager verbracht worden waren. Bevor nun noch die allerletzten Häftlinge in andere Lager abtransportiert wurden, und sich die verbleibenden 87 SS-Leute wohlweislich aus dem Staub machten,[26] vernichteten sie die Häftlingskartei des Lagers und die Personalakten der SS, wodurch spätere Strafverfolgungen erschwert wurden. Seit Sommer 1943 hatte Mietek Pemper jedoch die Namen und Heimatadressen der brutalsten SS-Leute durch diverse Untergrundorganisationen aus dem Lager schmuggeln können. In deren Kriegsverbrecherprozessen trat Pemper später als Zeuge auf. Als am 18. Januar 1945 sowjetische Einheiten das tiefverschneite Kraków erreichten, schien es, als habe es nie ein Lager Płaszów gegeben.

Im Unterschied zu dem circa achtzig Kilometer entfernten Lagerkomplex Auschwitz-Birkenau gibt es im Areal von Płaszów keine Überreste von Baracken, keine Magazinbestände, kein Archiv mit Transport- und Häftlingslisten. Es gibt auch keine regelmäßigen Führungen oder Informationstafeln für Besucher. Wer im Vorfeld nicht bereits über die Geschichte von Płaszów Bescheid weiß, wird vor Ort wenig Bemerkenswertes finden. Entlang der vormaligen Abgrenzungen und sogar auf dem Terrain des ehemaligen Lagers selber herrscht die Normalität des Alltags mit Plattenbauten, Straßenbahnhaltestellen, Schnellstraßen, einem Lidl-Discounter und einem McDonalds-

Abb. 7: Freies Feld um das Graue Haus (2001)

Schnellimbiss. Ansonsten sieht man viel wildwucherndes Grün, durchzogen von Trampelpfaden für unbekümmerte Spaziergänger und Hundebesitzer – dabei führen diese Wege zu einem großen Teil über Leichenfelder.

Ich nehme mir ein Taxi zu Ihrem Büro«, hatte ich Mietek Pemper von Kraków aus am Telefon vorgeschlagen. »So können wir uns nicht verfehlen.« Doch Pemper bestand darauf, mich in Augsburg am Hauptbahnhof zu erwarten. Da es an diesem 9. Juni 2001 in Strömen regnete, wartete ich innerhalb der Schalterhalle und bemerkte einen zerbrechlich wirkenden älteren Mann mit Brille, schwarzem Hut und dunkelblauem Mantel einer jungen Frau mit Kinderwagen die wuchtige Flügeltür zum Bahnhofsvorplatz aufhalten. »Das wird Mietek Pemper sein«, schoß es mir durch den Kopf, und ohne weiter nachzudenken, ging ich auf den besagten Mann zu. Der wiederum schien sich ebenso automatisch in meine Richtung zu bewegen. Als er vor mir stand, kam er mir mit der Begrüßung zuvor, lüftete höflich den Hut und sagte knapp: »Pemper«, wobei er mir seine weiche, freundliche Hand reichte. Erst einmal lud er mich zum Essen ein und hielt auf dem Weg zum Restaurant wie selbstverständlich einen riesigen Regenschirm über mich, obwohl ich ihn um einen halben Kopf überragte. Als ihm ein Ober aus dem feuchten Mantel helfen wollte, lehnte Pemper dies lächelnd mit der Bemerkung ab: »Nein, danke. Mein Arzt hat mir Bewegung empfohlen.« Ich hatte gelesen, dass ihn seit der deutschen Premiere des Films im Frühjahr 1994 unzählige Journalisten, Bildreporter, TV-Moderatoren, Radio-Redakteure, Historiker, Lehrer, Schülerinnen und Schüler, Studierende regelrecht bestürmen, um zu erfahren, was denn am Film gegenüber dem Roman nun stimme und was nicht. Pemper gelte als »schwierig« und lasse wenige Leute wirklich an sich heran. Außer meinem Namen wusste Pemper über mich im Augenblick lediglich, dass ich damals in den USA als Professorin tätig war und dort ein Zentrum zum Holocaust geleitet hatte.[27] Und so entstand am Tisch erst einmal eine Verlegenheitspause, die Pemper geschickt mit einer gezielten Frage überspielte. »Frau Professor« – dabei nahmen seine dunklen Augen mich aufmerksam ins Visier – »sagt Ihnen eigentlich der Name Gunnar Heinsohn etwas?«

»Oh!« dachte ich leicht bestürzt. »Hier wollte doch ich die Fragen stellen und nicht umgekehrt!« Zwar hatte ich Heinsohns Buch *Warum Auschwitz? Hitlers Plan und die Ratlosigkeit der Nachwelt*[28] vor einiger Zeit gelesen, doch ungern referiere ich ex tempore über komplexe, teilweise kontroverse Thesen. »Heinsohn zufolge«, begann ich darum etwas verhalten, »verfolgte Hitler mit der physischen Vernichtung des europäischen Judentums auch die allmähliche Aushebelung des Ethikgebots ›Du sollst nicht morden‹. Als Sozialdarwinist lehnte er Vorstellungen wie Gleichheit, Respekt, Verständigung, Toleranz und Menschenfreundlichkeit entschieden ab. Hitler bewunderte«, referierte ich nunmehr beherzter, »den Mongolenführer Dschingis Khan, dessen Horden ohne Gewissensbisse mordeten. In Hitlers neuheidnisch-archaischen Vorstellungen und künftiger Weltordnung gab es keinen Platz für Recht, Gerechtigkeit oder ›altmodische‹ Werte wie Liebe, Fürsorglichkeit und Empathie. Darum Hitlers enorme Bewunderung für einen Massenmörder wie Dschingis Khan.«

Nun wartete ich auf Pempers Reaktion. Doch die blieb aus, da gerade jetzt das Mittagessen serviert wurde. Pemper schwieg und beugte sich konzentriert über seinen Teller. Ich war erstaunt, fast ein wenig brüskiert, denn zu einem gemeinsam eingenommenen Mahl gehört für mich wie selbstverständlich ein anregendes Gespräch. Doch auch bei weiteren Mahlzeiten, die er und ich im Laufe der nächsten Jahre einnahmen, schwieg Pemper beim Essen. Als ich ihn irgendwann einmal nach dem Grund fragte, meinte er, im Lager seien eben nicht Diamanten oder Gold die begehrtesten Zahlungsmittel gewesen, sondern Brot. »Was hätten wir darum gegeben, uns einmal satt essen zu können! Dieser schreckliche Hunger ...«

Nach dem Mittagessen fuhr Pemper mich zu seinem Büro. Es lag im zweiten Stock eines mittelgroßen Geschäftsgebäudes in der verwinkelten Augsburger Altstadt. Leichtfüßig stieg der damals Einundachtzigjährige die Stufen hoch und schloss auf. Besucher im Büro zu empfangen, um Interviews abzuhalten, war für Pemper nichts Außergewöhnliches. Selbst ehemalige Mithäftlinge und Gefährten wie Izak Stern, dessen Bruder Natan Stern und Sohn Menachem, sowie Leopold Pfefferberg, Stella Müller-Madej, Heinz Dressler und Edward Mosberg[29] empfing Pemper hier. Pemper war ein zurückgezogen lebender Mensch, dessen Privatwohnung kaum jemand betreten hat. Auch ich habe sie nie betreten.[30] Abgesehen von unseren späteren Treffen im Augsburger Büro kommunizierten Mietek Pemper und ich hauptsächlich per Telefon und per Fax. Das galt besonders für die eigentliche Schreibphase an seiner Autobiographie. Zwischen Januar und Mai 2005 sprachen wir fast täglich miteinander. 10 Uhr Ortszeit in Reno entsprach 19 Uhr mitteleuropäischer Zeit. Dann nahm sich der noch immer aktive Unternehmer Zeit für meine Detailfragen. Nach der Veröffentlichung des Buches[31] unternahmen Pemper und ich im Herbst 2005 mehrere Lesereisen u. a. nach Frankfurt, Berlin, Göttingen und München. Nach Übersetzungen des Buches ins Polnische, Englische, Französische, Japanische und Portugiesische er-

Abb. 8: Mietek Pemper während des Interviews am 9. Juni 2001

schien im April 2018 eine Neuauflage mit dem Titel *Wie es zu Schindlers Liste kam. Die wahre Geschichte.*[32]

Für mein erstes Treffen hatte ich mich mit Tonbändern für etwa drei bis vier Stunden eingedeckt. Ich bat Pemper, einige Fotos von ihm machen zu dürfen. Dabei faszinierte ihn meine damals noch nicht alltägliche Digitalkamera, und er bat, ein Foto auch von mir aufnehmen zu dürfen. Obwohl sich meine Interviewfragen anfangs ausschließlich auf Stella Müller-Madej bezogen, lenkte Pemper nach und nach den Fokus auf die eigenen Lagererfahrungen. Dabei wurde mir schnell klar, wie außergewöhnlich seine Funktion als Amon Göths Schreiber gewesen war. Und um wie viel differenzierter, vor allem verifizierbarer das vom ihm Mitgeteilte war im Vergleich zu den Informationen aus Keneallys Roman und auch bei Spielberg. Pemper schien das Gespräch mit mir zu gefallen, denn immer wieder sprang er auf und holte Bücher und Fotos aus einem kleinen Büro nebenan.

Abb. 9: Familie Pemper Ende der zwanziger Jahre. Mietek Pemper ist der zweite von rechts

Am 24. März 1920 in Kraków geboren, wuchs Mietek Pemper zweisprachig auf. Er war überdurchschnittlich begabt, gebildet, geistreich und witzig. Beim Erzählen bezog er sich wie selbstverständlich auf Gedichte von Goethe, Heine und Hölderlin. Hinsichtlich Amon Göth zitierte er gern den Aphorismus des polnischen Schriftstellers Stanislaw Jerzy Lec: »Sein Gewissen war rein. Er hat es nie benutzt.« Pemper hatte eine glückliche Kindheit, obwohl er als Linkshänder zum Rechtshänder umerzogen wurde. Eine Zeitlang spielte er als Linkshänder sogar Geige. Pemper war ein zartes Kind und wohl pingeliger Esser. Als Mitte der 1920er Jahre die Straßenbahnlinien in die Außenbezirke von Kraków erweitert wurden,[33] erklärte sich der Fünfjährige nur dann zum Essen bereit, wenn er Straßenbahn fahren dürfe. »Und so fuhren wir ganze Strecken hin und zurück, wobei meine gute Mutter mich mit köstlichen Schinkenbroten verwöhnte. Mein Vater durfte davon natürlich nichts erfahren.«

Dem aufgeweckten Kind bereitete es große Freude, beim Vorbeifahren interessante Wörter an Geschäften oder an Hauswänden zu entdecken. Die notierte er sorgfältig in ein Heftchen. Lesen und schreiben konnte er nämlich schon vor seiner Einschulung.

Da Pemper den meisten seiner Klassenkameraden intellektuell überlegen war, durfte er in der Bibliothek seines Gymnasiums sogar die deutschsprachigen Bücher katalogisieren. Aufgrund seines ausgezeichneten Abiturs erhielt er die Ausnahmegenehmigung für ein Studium an zwei Hochschulen. Jura und Volkswirtschaft gleichzeitig zu belegen war damals ungewöhnlich. Ausgrenzung als Jude habe er während seiner Schulzeit nicht erfahren – weder seitens seiner Lehrer noch seitens seiner Mitschüler. Erst an der Jagiellonen-Universität erlebte er 1938 offenen Antisemitismus mit den berüchtigten »Judenbänken«. Statt sich aber auf diese »gar nicht so schlechten Plätze«[34] im vorderen

Abb. 10: Mietek Pemper während des Interviews am 9. Juni 2001

Abb. 11: Viktoria Hertling beim Interview mit Mietek Pemper am 9. Juni 2001

Bereich der Hörsäle zu setzen, blieb Pemper bei Vorlesungen lieber stehen. Dafür bekam er vom Rektor eine Abmahnung. Pemper war stolz auf diesen Akt des Widerstandes und trug die Abmahnung während der gesamten Zeit im Ghetto und sogar im Lager Płaszów bei sich. Erst im Herbst 1944 – bei dem Zwischenstopp von Płaszów auf dem Weg nach Brünnlitz – wurde ihm im KZ Groß-Rosen diese Bescheinigung abgenommen.

An den Rabbiner, der den Jungen auf seine Bar-Mizwa vorbereitete, erinnerte sich Pemper mit besonderer Zuneigung. »Jozue Kahane war ein frommer Jude mit Schläfenlocken, Bart und schwarzem Hut. Er verfügte über profundes Wissen.« Der junge Gelehrte muss zudem großes Verständnis für die Besonderheiten seines begabten Schützlings aufgebracht haben.

Kahane bemerkte natürlich sofort, wie empfänglich ich für hintergründige Fragen war. Einmal erklärte er mir, im Hebräischen gebe es zwei Worte für Arbeit, woraufhin ich keck bemerkte: »So darf ein Taxifahrer am Schabbes also doch mit dem Auto fahren, solange er es nicht von Berufs wegen tut, sondern um mit seiner Familie zum Baden zu fahren.« Bei derlei Erläuterungen schaute mein verehrter Rabbi dann leicht genervt gen Himmel und rief mit gespielter Verzweiflung: »Nein, nein, nein mein Kind, das möchte ich jetzt aber nicht gehört haben.« Im Grunde aber schien es Kahane zu freuen, dass ich Dinge hinterfragte und alles nicht einfach so hinnahm. Kahane schärfte meinen Blick für vergleichende Religionsgeschichte. Bei allen Unterschieden zwischen Judentum und Christentum sei es am wichtigsten, Leben zu schützen. Das sei unser universeller Auftrag.[35]

Nach dem letzten Satz senkte Pemper den Kopf, machte eine Pause und schien seinen Erinnerungen nachzuhängen. Dann fügte er leise hinzu: »Jozue Kahane ist 1942 im Vernichtungslager Bełżec ums Leben gekommen.«[36]

Wenn Pemper erzählte, holte er weit aus. Jede Einzelheit wurde bei ihm zu einer intellektuellen Zeitreise. Seine Schilderungen bestachen durch Detailreichtum und Präzision. Fragte ich ihn etwas über seine Jugend, bekam ich eine Einführung in die Geschichte Polens des 19. und frühen 20. Jahrhundert. Jiddisch habe er nie gesprochen, da sich die Familie dem europäisch-westlichen Kulturkreis zugehörig fühlte. Zudem sprach die Großmutter mütterlicherseits aus Breslau bis an ihr Lebensende kaum Polnisch. Kraków hatte bis zum Ende des Ersten Weltkrieges zur k. u. k. Monarchie gehört. Bezüglich seiner Tätigkeit als Behördenkorrespondent der Jüdischen Gemeinde bis 1943 – deutsche Kurzschrift und Maschineschreiben hatte sich Pemper als Student im Selbststudium angeeignet – informierte mich Pemper über die vielfältigen sozialen Einrichtungen

Abb. 12: Treppenhaus des ehemaligen Gebäudes der Jüdischen Gemeinde Kraków (2005)

dieser zu einem Viertel jüdischen Stadt. Während des Zweiten Weltkriegs hat die architektonische Schönheit dieser Stadt wenig Schaden genommen, denn im Unterschied zu Warschau war in Kraków kaum eine Bombe gefallen. Doch die Juden der Stadt wurden umgebracht, bemerkte auch der Spiegel-Journalist Urs Jenny, nachdem er sich im Frühjahr 1993 während der Dreharbeiten zu Schindlers Liste in Kraków aufgehalten und dort Mietek Pemper getroffen hatte.[37] Bis 1939 gab es in Kraków zahlreiche jüdische Kindergärten, jüdische Schulen, ein modern eingerichtetes jüdisches Krankenhaus,[38] unzählige koschere Restaurants und Garküchen, Pflegeeinrichtungen für Alte und Gebrechliche, Wohnheime für jüdische Studierende und Auszubildende, mehrere Friedhöfe, eine stattliche Aussegnungshalle, Gebetsräume und mehrere Synagogen – eine stammt aus der Mitte des 16. Jahrhunderts. Im Vergleich zu vormals 70.000 Juden leben heute kaum einhundert Juden in Kraków. Ein genuines polnisches Judentum gibt es nicht mehr. Was einst authentisch war, ist im besten Falle als Museum erhalten[39] oder verkomme zum »Kitsch«, beklagte 2006 auch der Journalist Henryk M. Broder nach einem seiner Besuche in Kraków.[40] Broders Mutter hatte das KZ Płaszów überlebt.

Wenn Mietek Pemper über seine Heimatstadt sprach, huschte ein Lächeln über sein Gesicht. Diese »alte, ehrwürdige Stadt« hatte er als Kleinkind nicht nur per Straßenbahn erkundet, sondern später auch zu Fuß durchstreift. Dabei entdeckte der Neunjährige eine Inschrift, die für ihn prägend bleiben sollte. Damals hatte sein jüngerer Bruder Stefan eine ansteckende Krankheit, und so schickte die Mutter den älteren Sohn vorsichtshalber für einige Tage zu Onkel und Tante in die Innenstadt, in die Grodzka-Straße. »Dort gibt es, etwas schräg zur Straße, eine kleine Kirche. Da ich damals noch kein Latein hat-

Abb. 13: Älteste erhaltene polnische Synagoge aus dem 16. Jahrhundert im ehemaligen jüdischen Viertel von Kraków. Heute ein Museum

te, habe ich mir die Inschrift über dem Eingangsportal mit Hilfe eines Wörterbuches übersetzt: *Frustra vivit qui nemini prodest.* Sie verstehen? ›Sinnlos lebt, wer niemandem nützt.‹«[41] Bei späteren Besuchen in Kraków habe ich die besagte Kirche mit der lateinischen Inschrift gefunden. Auch bei diesem Detail – »etwas schräg zur Straße« – stimmte Pempers Erinnerung.

Ab März 1943, nach der blutigen Auflösung des Krakauer Ghettos,[42] musste der hochgebildete, körperlich inzwischen entkräftete 23-Jährige unfreiwillig als Schreiber und Stenograph für den Kommandanten im Lager Płaszów arbeiten. Niemand unter den jüdischen Häftlingen sprach neben Polnisch ein dermaßen lupenreines Deutsch wie Pemper. Niemand außer ihm konnte tippen und kannte die neueste deutsche Einheitskurzschrift – für eine deutsche Dienststelle damals unentbehrlich.[43] Von nun an musste Pemper circa 540 Tage in nächster Nähe eines Massenmörders zubringen. Es gehörte zu Pempers Aufgaben, die gesamte Post des Lagerkommandanten zu öffnen und die eingegangenen Fernschreiben auf dem Schreibtisch zu sortieren. Diese Unterlagen konnte Pemper dann zwar lesen, sich dabei aber Notizen zu machen, war unmöglich. Doch aufgrund seines seit frühester Jugend hervorragend trainierten Gedächtnisses und Intellekts wusste Pemper nach und nach über viele der Pläne der Nazis bestens Bescheid. »*Rerum cognoscere causas* – die Ursachen der Dinge erkennen« war für ihn ein zentrales Lebensmotto. »Das war auch der Grund für mein Soziologiestudium, das ich nach dem Krieg begonnen habe.«[44] Göth sei ausgesprochen eitel gewesen und habe sich in der Rolle eines militärischen Befehlshabers gefallen. So bezeichnete er sich in Briefen an seine Frau und seine Familie in Wien, die Pemper nach Diktat tippen musste, gern als »Kommandeur«, obwohl ihm als SS-Untersturmführer im Grunde sogar die fachlichen Voraussetzungen für eine Position als Lagerkommandant

Abb. 14: Kitschdekoration eines Restaurants im ehemaligen jüdischen Viertel (1995)

fehlten. Da Pemper als persönlicher Schreiber Göth diesem jederzeit zur Verfügung stehen musste, konnte er sich im Lager frei bewegen – dabei auch hin und wieder mit Freunden diskret Kontakt aufnehmen oder sich nach dem Wohl seiner Eltern und seines Bruders erkundigen. Aufgehalten wurde er bei diesen Rundgängen natürlich nicht, denn den Wachsoldaten wäre es nicht in den Sinn gekommen, gerade jemanden wie Pemper anzuhalten, nach seinem Auftrag zu befragen oder gar zu kontrollieren. »In deren Augen färbte wohl der ›Glanz des Kommandanten‹ auf mich ab«, bemerkte Pemper einmal ironisch. »Ich war darum bei meinen Wegen durchs Lager stets ungestört und konnte Augen und Ohren aufhalten.«[45] Im Gegensatz zu den meisten Mithäftlingen bekam Pemper so rasch Einblick in Abläufe, die sich größtenteils im Verborgenen abspielten.

Obwohl ethische Werte für Mietek Pemper sein Leben lang einen wichtigen Stellenwert einnahmen, waren sie nie Selbstzweck für ihn. Wenn das Leben eines Menschen auf dem Spiel stand, wenn es darum ging, mörderische Absichten der Nazis zu durchkreuzen, waren Betrug, Geheimnistuerei und Manipulation nicht nur erlaubt, sondern geradezu geboten. Dabei nahm Pemper gewaltige Risiken in Kauf. Doch das störte ihn nicht, denn er hatte sich, wie er in Gesprächen oft betonte, »damit abgefunden, todgeweiht, moriturus zu sein«. Einmal davon überzeugt, der Tod komme früher oder später, habe sich seine Denkweise grundlegend geändert, meinte er einmal. »Ich habe darum im Lager eine eigentümliche Gelassenheit entwickelt und versucht, solange es geht, meiner Familie und anderen Häftlingen im Lager zu helfen.«[46] So auch bei der Sache mit dem Kohlepapier.

Nachdem ab Januar 1944 das Zwangsarbeitslager zum KZ hochgestuft worden war, mussten Geheimdokumente nun von einer deutschen Bürokraft getippt werden. Diese arbeitete aber nur halbtags und nicht an Wochenenden. Da die junge Frau Kochmann einmal beim Tippen eines Briefes das Kohlepapier falsch eingelegt und Göth sie deswegen unflätig angebrüllt hatte, erbot sich Pemper, für sie fertige Schreibsätze vorzubereiten, damit ihr ein solches Missgeschick kein zweites Mal passiere. Dabei verwendete Pemper jeweils unbenutztes Kohlepapier, um nach Dienstschluss die tagsüber getippten geheimen Schreiben in Spiegelschrift lesen zu können. Zwar rechnete Pemper täglich damit, von Göth erschossen zu werden, doch bis dahin wollte er möglichst viel über die Pläne der Nazis in Erfahrung bringen. So wusste er aufgrund des Tricks mit dem Kohlepapier von den wahren Beweggründen für die sogenannte »Gesundheitsaktion« vom Mai 1944 und riet seinen Mitgefangenen, beim Vorbeimarsch an den Lagerärzten so kräftig und so stark wie möglich zu erscheinen, um nicht nach Auschwitz selektiert zu werden. Dazu die Aussage von Halina Nelken beim Göth-

Prozess im September 1946: »Alle waren nackt. Jeder musste an der Kommission nackt vorbeigehen, und sollten die Kommissionsmitglieder merken, dass jemand schlecht gebaut war, irgendwelche Spuren am Körper hatte, oder abgemagert war, wurde er sofort zur Seite gestellt und sein Name wurde notiert.« Derweil, so die Zeugin Nelken weiter, »rannte der Angeklagte [d. h. Amon Göth] umher, einen Revolver in der Hand und drohte mit der Erschießung derer, die die Reihe verlassen würden«.[47]

Wann immer Pemper von Amon Göth erzählte, verfinsterte sich sein Gesichtsausdruck, selbst noch nach mehr als fünfzig Jahren. Sprach er allerdings von Oskar Schindler, entspannten sich seine Züge, und er kreierte ein respektvolles Psychogramm eines »außergewöhnlichen Mannes für außergewöhnliche Zeiten«. Es spiele keine Rolle, welche persönlichen Schwächen Schindler in Bezug auf Geld, Alkohol oder Frauen gehabt haben mag. Dass er in Zeiten größter Bedrohung mehr als eintausendeinhundert Menschenleben gerettet hat, sei das einzig Wichtige, das einzig Wesentliche. »Wissen Sie«, erklärte Pemper gerne schmunzelnd, »Schindler war wie jemand, der bereits die Jacke ausgezogen hatte, um ins Wasser zu springen, damit er uns vor dem Ertrinken bewahre. Da haben wir doch nicht gefragt: ›Entschuldigen Sie bitte, aber sind Sie Ihrer Frau auch treu? Denn wenn nicht, dann dürfen Sie uns nicht retten.‹«[48]

Bei unseren Gesprächen in Augsburg saßen wir uns meist in seinem Hauptbüro an zwei Schreibtischen gegenüber. Pemper wusste seit unserem ersten Treffen, dass ich ihn wegen Stella Müller-Madej kontaktiert hatte und nicht beabsichtigte, einen Artikel, ein Radiofeature, einen Zeitungsbeitrag über ihn zu schreiben – ohne sein vorheriges Einverständnis hätte ich das sowieso nicht getan. Möglicherweise waren deshalb unsere Gespräche von Anfang an gelöst und wohlwollend. Er erkundigte sich freimütig, seit wann ich in den USA lebe, ob ich verheiratet

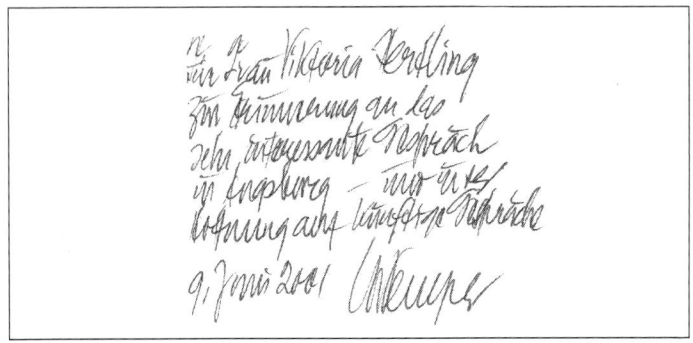

Abb. 15: Widmung von Mietek Pemper für Viktoria Hertling

sei oder Kinder habe. Ich wiederum fragte ihn nach seiner Familie und warum er nie geheiratet hatte. Dass er mir bei unserem ersten Treffen bereits die Quintessenz seines »Husarenstücks« mit den »geschönten«[49] Produktionslisten mitteilte, empfinde ich als einen besonderen Vertrauensbeweis. Bevor wir uns nach unserem ersten Treffen nach mehr als 12 Stunden voneinander verabschiedeten, und er mich morgens um 2 Uhr zum Hotel fuhr, schenkte Pemper mir eine Kopie der 1999 erschienenen Dokumentation der *Stuttgarter Zeitung* zu Schindlers Koffer[50] mit folgender Widmung: »Für Frau Viktoria Hertling zur Erinnerung an das sehr interessante Gespräch in Augsburg – in der Hoffnung auf künftige Gespräche.«

Pemper war nicht nur ein hochgebildeter, sondern auch ein feinsinniger und humorvoller Mensch. Er legte Wert auf eine gepflegte Erscheinung mit glatter Rasur und dezentem Duftwasser. Seine wenige Freizeit verbrachte er gerne in Buchläden, um für seine Nichten, seine Großnichten, für Freunde und Bekannte, vor allem aber für die Kinder der Synagogengemeinde

Bücher zu kaufen. Obwohl ihn in Augsburg Hunderte kannten und er auf der Straße häufig herzlich gegrüßt wurde, lebte er zurückgezogen. Dabei war er ein erfolgreicher Unternehmer – bekannt für seine geduldige Verhandlungstaktik mit der Absicht, einen für beide Seiten zufriedenstellenden Konsens zu erreichen. »Ich meide Konflikte«, sagte er mir mehr als einmal.

Die quälende Frage, warum gerade er überlebt hatte, viele Tausende aber nicht, begleitete ihn jeden Tag und drängte sich bis in seinen Schlaf. Doch trotz seiner traumatischen Erfahrungen schätzte er das Leben. Wenn ich ihn hin und wieder bei meinen Besuchen in Augsburg zu einem Spaziergang oder Ausflug überreden konnte, bemerkte ich, wie gerne er munter umherhüpfenden Kindern hinterherschaute. Einmal bewahrte er geistesgegenwärtig ein Kleinkind vor einem gefährlichen Sturz, als es – auf ein Mäuerchen kletternd – plötzlich die Balance verlor. Um nicht unnötig häufig seinen traurigen Gedanken nachzuhängen, hatte ihm schon kurz nach Kriegsende ein polnischer Arzt empfohlen, sein Universitätsstudium wieder aufzunehmen und sich in Arbeit zu stürzen.[51] Auch deshalb war Pemper mit über achtzig noch immer berufstätig und verbrachte viel Zeit im Büro. »Was soll ich denn auch sonst tun?«, fragte er mich einmal fast verzweifelt. Und oft, wenn es ihm psychisch wieder einmal besonders schlecht ging, erzählte er einen Witz oder machte eine tiefgründige Bemerkung. Auf meine Frage, ob es ihn störe, deutsche Politiker vollmundig von christlich-jüdischer Zusammenarbeit sprechen zu hören, meinte er trocken: »Nein. Eigentlich nicht. Sie wissen ja. Wir Juden lesen von rechts nach links.«

Humor war für Pemper eine positive Ressource und diente ihm oft als Abwehrmechanismus für unerträgliche Situationen. Selbst unter der Wucht der Deportation hatte Pemper in der Nacht vom 15. auf den 16. Oktober 1944 punktuell zu einem lebensrettenden Humor zurückgefunden. Am Nachmittag des

15. Oktobers hatte ein Transport mit mehr als 4500 männlichen Häftlingen das KZ Płaszów verlassen. Circa 45 riesige Waggons mit aneinandergepresst stehenden Menschen. Unter ihnen auch Mietek Pemper als Teil der separat »einwaggonierten« 700 männlichen Häftlinge auf dem Weg zu Oskar Schindlers Arbeitslager Brünnlitz.[52] Zwischenstation sollte das KZ Groß-Rosen sein.[53] Mitten in der Nacht hielt der Zug plötzlich auf freier Strecke an.

> Pemper ..., Pemper ...! Mein Name wird ausgerufen. Die SS-Bewacher laufen an den Viehwaggons entlang. Mein einziger Gedanke: [...] Jetzt holen sie mich doch noch. Ich dränge mich bis zur Waggontür und melde mich durch Klopfen. Die Tür wird geöffnet, ich springe auf den Schotter des abschüssigen Bahndamms. Ein stechender Schmerz schießt in meinen Knöchel. Mühsam rapple ich mich hoch und humple mit zusammengebissenen Zähnen hinter dem SS-Bewacher her, ein zweiter folgt mir. So gelangen wir zum Dienstabteil des Transportführers. Zitternd vor Kälte, Angst und unterdrücktem Schmerz stehe ich da.

Transportführer war der ausgesprochen brutale, aber ziemlich dümmliche SS-Mann Lorenz Landstorfer, der seinem inzwischen inhaftierten Chef weiterhin zu Diensten stehen wollte. Pemper kannte ihn aus der Kommandantur. Hin und wieder hatte er dem SS-Mann sogar einen Gefallen erwiesen, indem er gewisse von Göth aufgetragene Büroarbeiten stillschweigend für Landstorfer erledigt hatte, da dieser damit total überfordert gewesen wäre. Göth saß aber nun seit circa vier Wochen wegen Veruntreuung jüdischen Raubgutes in einem SS-Gefängnis ein, und es war nicht abzusehen, wann oder ob er je wieder freikommen würde. Und so stand Pemper in dieser Nacht im grellen Scheinwerferlicht neben einem abrupt angehaltenen Zug, und

Landstorfer fragte ihn nach dem Geburtsdatum des Kommandanten, denn er verlangte, dass Pemper ein Gratulationstelegramm für seinen Herrn und Meister schrieb.

> Plötzlich verfliegt meine Angst und macht meinem Humor Platz. »Ja, Herr Hauptsturmführer« antworte ich, »eigentlich müsste ich zwei Telegramme aufsetzen.« »Wieso zwei?« Landstorfer ist perplex. »Das eine Telegramm für den Fall, dass der Herr Kommandant bis zu seinem Geburtstag freikommt. Und das andere Telegramm für den Fall, dass der Herr Kommandant noch nicht frei ist.« Landstorfer leuchtet das sofort ein. Begeistert sagt er: »Pemper, Sie haben recht. Schreiben Sie also zwei Telegramme.« Dann murmelt er noch, wie klug es doch von ihm gewesen sei, mich gerufen zu haben. Da stehe ich also, ein jüdischer Häftling irgendwo in Schlesien auf dem Weg zwischen zwei Konzentrationslagern, und formuliere unter SS-Bewachung und bei Scheinwerferbeleuchtung Gratulationstelegramm A und Gratulationstelegramm B für einen Massenmörder.[54]

Mietek Pemper besaß außer seinem feinen Humor auch das, was man altmodisch Anstand nennt. Nie wäre er in der Straßenbahn oder im Bus »schwarz« gefahren oder hätte an der Kasse ein irrtümlich zu viel gezahltes Wechselgeld nicht sofort zurückgegeben. Die Honorare für seine Vorträge flossen an wohltätige Organisationen, und bei Zugreisen löste Pemper kein Erste-Klasse-Ticket, obwohl er es sich finanziell hätte leisten können. Als wir nach einer Buchpräsentation beim 14. Literaturherbst am 23. Oktober 2005 in Göttingen am Bahnhof standen, um in Kürze in unterschiedliche Richtungen nach Hause zu fahren, verschwand er plötzlich und kam nach einigen Minuten

Abb. 16: Mietek Pemper und Henryk M. Broder beim 14. Literaturherbst in Göttingen

mit einem Sandwich in der Hand zurück. »Für Sie, damit Sie auf der langen Reise nach Berlin nicht verhungern!« Pemper war im Umgang mit anderen Menschen höchst zuvorkommend. In seinem Verhalten und alltäglichen Ansprüchen war er bescheiden und genügsam. Die abgeschabte Stelle an einer Wollweste wurde darum eher sorgfältig gestopft, als dass sich Pemper schnell mal etwas Neues zugelegt hätte. Er empfand große Dankbarkeit gegenüber Oskar Schindler für sein Überleben, und verhielt sich gegenüber Medienvertretern oder Wissenschaftlern nur deshalb distanziert, weil sie ihn in ihren Zeitungsberichten oder Artikeln ungenau oder falsch zitiert hatten. Das empfand er als gedankenlos. Verletzend war für ihn die Frage einer Journalistin der *New York Times* während Spielbergs Dreharbeiten in Kraków, warum er sich für den Job bei Amon Göth denn »beworben« hätte. Besonders scharfe Worte des Unmuts fand er für das Buch von Thomas Keneally. Was es damit aber genau auf sich hatte, erfuhr ich erst im November 2005, nachdem seine Autobiographie bereits erschienen war.

Als Mietek Pemper mir im Juni 2001 zum ersten Mal von den »geschönten« Produktionslisten erzählte, Details aber noch aussparte, sagte er: »Ich spreche wirklich gerne mit Ihnen, aber erst muss ich diese Listen finden. Ich habe bereits in verschiedenen Archiven nach ihnen gesucht. Bisher ohne Erfolg. Ich habe lange mit Wolfgang Benz in Berlin gesprochen und vor allem mit Jehuda Bauer, dessen Doktoranden in Polen immer wieder auf meinen Namen stoßen. Darum solle ich nach Tel Aviv kommen, um vor Historikern zu sprechen.« Für einen Moment hielt Pemper inne. Dann holte er tief Luft und atmete hörbar aus. »Ich habe Professor Benz und auch Professor Bauer gesagt, dass ich Angst habe mit meiner Geschichte. Die Historiker werden mich in der Luft zerreißen. Ohne Dokumente, ohne Beweise, klingt das, was ich erzähle, wie Märchen. Zudem entspricht meine Art des lautlosen Widerstands nicht den israelischen Vorstellungen. Statt mit Waffengewalt habe ich in der Stille agiert – mit Köpfchen sozusagen – und diese Kunststücke mit den gefälschten Produktionslisten vollbracht, damit die Nazis unsere vermeintliche Rüstungsschmiede erhalten. Nein, liebe Frau Professor«, meinte er nun abwehrend, »ohne Dokumente, ohne Beweise werde ich ausgelacht. Drum möchte ich jetzt auch nicht mehr darüber sprechen.«[35] Bei unserem nächsten Gespräch im März 2002 erfuhr ich allerdings ausführlicher, was es mit diesen Listen auf sich hat.

Aus Telegrammen, Rundschreiben, Notizen, die Mietek Pemper seit März 1943 heimlich hatte lesen können, aus der offiziellen Korrespondenz mit Göths Vorgesetzten, aus zufällig aufgeschnappten Bemerkungen von in der Kommandantur ein- und ausgehenden SS-Leuten über Truppenbewegungen und Verwundetentransporte und sogar aus der Lektüre von Zeitungen, die er in der Kommandantur regelmäßig hatte lesen können,[36] erfuhr Pemper in den Sommermonaten des Jahres 1943,

dass im Generalgouvernement lediglich Zwangsarbeitslager mit
»siegentscheidender« Produktion erhalten bleiben sollten. Dazu
Mietek Pemper:

> Nach der Kapitulation in Stalingrad am 2. Februar 1943 begann die russische Offensive. Im Sommer 1943 waren die russischen Truppen bereits in der Nähe der Vorkriegsgrenze von Polen. Ich las und hörte auch von großen Veränderungen im Großraum Lublin und Warschau, wo diejenigen Arbeitslager aufgelöst wurden, die nur über Schneidereien und Stickereien verfügten. Ich bemerkte überdies, dass sich Göth immer weniger für die Arbeitsberichte und Produktionszahlen unserer Textilwerkstätten interessierte. Hingegen las er besonders aufmerksam die Berichte der Metallwerkstätten wie Klempnerei und Schlosserei. Göths Reaktionen auf diese üblichen Werkstattberichte bestätigten meine düsteren Vermutungen, dass nämlich in Anbetracht der sich zuspitzenden militärischen und wirtschaftlichen Lage für das Dritte Reich nur die »kriegswichtigen« Produktionsbereiche zählten. Dabei wurde von offizieller Seite nun mehr und mehr der Ausdruck »siegentscheidende« Produktion verwendet. Ich wusste, dass wir im Lager zwar Großschneidereien hatten, die für die Wehrmacht arbeiteten, doch kaum die Güter produzierten, mit denen die Deutschen die Russen hätten bezwingen können. Da dachte ich mir: »Hoppla, wir müssen dafür sorgen, dass wir für die Deutschen unentbehrlich werden.«[57]

Oskar Schindler kam damals fast täglich mit dem Auto von seiner Fabrik in der Lipowa-Straße in das etwa fünf Kilometer entfernte Hauptlager Płaszów, um mit Göth zu sprechen. Seit 1941 waren mehrere hundert jüdische Häftlinge bei Schindler

Abb. 17: Gebäude der ehemaligen Fabrik von Oskar Schindler (2001)

beschäftigt, und diese Frauen und Männer – selbst Kinder – gehörten als ehemalige Ghettoinsassen ab März 1943 zum Hauptlager Płaszów.[58] Dazu schrieb Schindler 1956 nach Israel: »Es ist wesentlich festzuhalten, daß meine Wandlung nicht nach dem 20. Juli 1944 eintrat, wo längst alle Fronten zusammenkrachten und viele nicht mehr wollten, sondern 4 Jahre vorher, wo deutsche Blitzkriege der Welt den Atem nahmen.«[59] War Göth bei diesen regelmäßigen Besuchen Schindlers nicht vor Ort, ergaben sich hin und wieder Möglichkeiten für belanglose Gespräche. Anfangs wusste Pemper nicht, ob er dem jovial daherkommenden Oskar Schindler, vermeintlichem Freund, Saufkumpan und Spezi des Kommandanten, überhaupt trauen konnte oder nicht. Da Pemper aber durch seinen Mithäftling Izak Stern[60] erfahren hatte, dass es sich wohl eher um eine Zweckfreundschaft handle, Pemper sich inzwischen auch einen guten Überblick über die Finanzlage des gesamten Lagers hatte verschaffen können, bedeutete er eines Tages dem Herrn Direktor

Schindler äußerst vorsichtig, Teile seiner bisherigen Emailwarenproduktion in der Lipowa-Straße auf »siegentscheidende« Artilleriehülsen umzustellen. Schindler soll auf diesen Vorschlag zunächst ablehnend reagiert haben, woraufhin sich Pemper zu einem für ihn möglicherweise gefährlichen Ratschlag hinreißen ließ, den er bei seinen späteren Vorträgen umso genüsslicher zitierte: »Ja, wissen Sie, Herr Direktor, mit Emailtöpfen allein kann man keinen Krieg gewinnen. Ich glaube, wenn Sie wirklich etwas tun wollen für Ihre Leute, dann wäre es gut, wenn Sie neben der Emailproduktion mit einer richtigen Rüstungsproduktion starten würden.«[61] Dass im Herbst 1944 dann fast ausschließlich die jüdischen Arbeiter und Arbeiterinnen – samt deren Familien – aus dem Bereich der Schindlerischen Rüstungsproduktion auf die Rettungslisten kamen, blieb für Pemper zeitlebens eine freudige Bestätigung seiner korrekten Einschätzung der damaligen Lage.

Aufgefordert von Göth, eine generelle Aufstellung der Produktionskapazitäten des Lagers Płaszów und der ihm angeschlossenen Nebenlager-Fabriken zu erstellen, setzte Pemper im Spätsommer 1943 ein gezieltes Täuschungsmanöver in Gang. Statt lediglich die aktuelle Produktion der diversen Werkstätten – auch der von Oskar Schindler – zu dokumentieren, verzeichnete er Produktionskapazitäten unter optimalen Bedingungen. Diese »geschönten« Produktionslisten erstellte Pemper im Alleingang, wobei er oft bis in die Nacht hinein an ihnen arbeitete. Seine Mithäftlinge in diese Täuschungsarbeit wissentlich einzubinden, wäre viel zu gefährlich gewesen. Pemper war umsichtig genug, selbst seinen engen Freunden Izak und Natan Stern nichts Genaueres von diesen Listen mitzuteilen. »Immerhin wussten wir ja nie, ob nicht einer von uns gefoltert würde und dann etwas verraten könnte. Also musste ich alles mit mir selber ausmachen.«[62]

Göth wollte nicht wissen, wie viele Schuhe, Strickwaren oder Uniformen wir herstellen konnten. Die Rede war ausdrücklich von Metallwaren. Ich ahnte, dass es sich um etwas enorm Wichtiges handelte. Göth hatte mir schon mehrmals Aufgaben aufgetragen, ohne mir genau mitzuteilen, wie ich das bewerkstelligen solle. [...] Ihn interessierte nur das Resultat. Da ich aber dank gewisser Geheiminformationen einige Einblicke in die Pläne der Nazis besaß, beschaffte ich mir von Schindler die Datenblätter zu seinen Maschinen mit allen Angaben über die Kapazitäten. Ich bat die technischen Betriebsleiter, mir mehrere Beispiele für Produkte zu nennen, die ihre Maschinen bei entsprechender Bestückung und Einrichtung herstellen könnten. Dabei legte ich Wert darauf, dass mir die Betriebsleiter nicht nur einfach die Namen der jeweiligen Produkte nannten, sondern auch Angaben über Materialarten, Formate und Ausstattungsvarianten lieferten. [...] Durch eine derartige Informationsfülle wollte ich Aufmerksamkeit erregen und beeindrucken.[63]

Jede Zeile, die Pemper schrieb, begann mit einer Nummer, dem Namen des jeweiligen Produkts, der herzustellenden Stückzahl und endete mit der Abkürzung »od.«. Pemper tippte Seite um Seite dieser Aufstellungen im Querformat. Sie sollten den Eindruck erwecken, als wäre die Produktionskapazität von Płaszów de facto drei- bis viermal größer. Als Göth die Tabellen schließlich zu Gesicht bekam, habe er zunächst unwirsch reagiert. Erst als ihm Pemper versicherte, er habe für alles Belege und außerdem handle es sich um »Alternativen«, wuchs Göths Interesse. Zudem habe Pemper – als sei gerade dies das Allerwichtigste – Göth für das Wörtchen »oder« im Duden die Abkürzung »od.« am Ende jeder Zeile gezeigt. Das habe Göth wohl besonders beeindruckt. Doch dann hätte es für Pemper plötzlich gefährlich werden können. Göth war in vielen Dingen träge und aus Bequemlichkeit verließ er sich bei gewissen Arbeiten gerne auf seinen Arbeitssklaven Pemper. So delegierte er an ihn sogar geheime Aufgaben wie den Alarm- und Verteidigungsplan für das Lager Płaszów. Das verstieß ausgesprochen gegen allgemeine Regeln aus Berlin. Doch mit einem Mal schien Göth misstrauisch geworden zu sein. Denn dumm war er nicht. Pemper erinnerte sich an die Szene, als sei sie gestern passiert.

> Göth saß für ein paar Sekunden lang still da und sagte nichts, doch er schaute mich forschend an. Die Zeit schien stillzustehen. Plötzlich schoss mir der beängstigende Gedanke durch den Kopf: Jetzt zieht er entweder die Pistole, weil er meint, du willst ihn mit deiner Fleißarbeit für dumm verkaufen, oder er denkt sich, der Pemper weiß etwas, das er eigentlich nicht wissen kann, nämlich dass diese Tabellen genau das sind, was ich brauche. Göth konnte mir natürlich nicht sagen, ich solle ihm gefälschte Angaben liefern, denn dann hätte er sich erpressbar gemacht. Doch er erkannte sofort den Wert der Tabellen für sich und das Lager.[64]

Die seitenlangen, akribisch zusammengetragenen Listen im Querformat mit realen und fingierten Produktionskapazitäten der metallverarbeitenden Lagerwerkstätten kamen Göths ureigenen Interessen entgegen, denn solange »sein« Zwangsarbeitslager erhalten blieb, konnte er »Kommandeur« bleiben, das ausschweifende Leben genießen und musste nicht an die Front, wo er aufgrund seiner Körpergröße, seiner Dickleibigkeit und seines schlechten Gesundheitszustandes leicht zur Zielscheibe gegnerischer Schüsse hätte werden können. Ob ihm dabei die von Pemper verfolgte Absicht zur Rettung seiner Mithäftlinge bewusst war, oder ob ihn dies überhaupt interessierte, mag dahingestellt bleiben. Doch auf höchst skurrile Weise deckten sich hier die Interessen eines jüdischen Häftlings zum Wohle seiner Leidensgenossen mit den egoistischen Berechnungen eines Massenmörders. Pemper zufolge steckte Göth diese »geschönten« Listen[65] stillschweigend in seine Aktentasche und begab sich danach zu einer Besprechung in die Innenstadt von Kraków.

Höchstwahrscheinlich präsentierte er dort die Aufstellungen einem Vorgesetzten – vielleicht war auch ein höherer SS-Führer aus Berlin anwesend. An einer grundsätzlichen Entscheidung mitgewirkt hat Göth hingegen nicht. Dazu reichte sein Dienstgrad nicht. Bestimmt aber hoffte er – so Pemper noch in einem Fax an mich vom 28. Dezember 2004 –, dass »kaum jemand die vielen Zahlen einzeln nachprüfen« werde. Stattdessen würden alle »beeindruckt« sein, um danach »unser Lager als erhaltungswürdig einzustufen«.[66] Vermutlich hat damals dann genau das stattgefunden, was bis heute in mancher Vorstandssitzung passiert: Die Anwesenden bekommen eine Tischvorlage präsentiert und es entsteht leichtes Murren über »mal wieder zu spät eingereichte Unterlagen«. Trotzdem blättern die Herren die Papiere durch, machen Stichproben, entdecken keine augenscheinlichen Fehler, zeigen sich beeindruckt von den Details und geben schließlich ein positives Votum ab. Immerhin stehen noch weitere Dinge auf der Tagesordnung, und zudem möchten sich alle anschließend noch einen guten französischen Kognak genehmigen. Das eben Gesagte ist natürlich eine Vermutung, da bislang keine entsprechenden Unterlagen aufgetaucht sind.

Einer Aktennotiz von SS-Obergruppenführer Oswald Pohl vom 7. September 1943 zufolge aber wissen wir, dass alle »Lager mit geringer Belegstärke und solche mit nicht kriegswichtiger oder siegentscheidender Fertigung aufzulösen« waren.[67] Doch im Gegensatz zu fast allen anderen Zwangsarbeitslagern im Generalgouvernement wurde das ZAL Płaszów nicht liquidiert. Die SS-Oberen glaubten, hier eine »eins a« Waffenschmiede erhalten zu haben, obwohl dort fast nur Papiertüten geklebt, Bürsten hergestellt und Uniformen ausgebessert wurden. Und niemals hätte Göth seinen Vorgesetzten in Kraków oder in Berlin gegenüber zugegeben, dass sie der Intelligenz und der Weitsicht eines jüdischen Häftlings aufgesessen waren. Belegt ist Folgendes: Tausende Häftlinge bekamen im Herbst 1943 eine Chance zum Überleben. Dass im Zuge der sukzessiven Auflösung des Lagers Płaszów im Sommer 1944 dann doch noch viele Transporte mit Häftlingen nach Auschwitz, Mauthausen oder nach Stutthof geschickt wurden, ist eine tragische Tatsache. Doch das mindert nicht Mietek Pempers Leistung vom Herbst 1943.

Zurück in den USA sprachen Pemper und ich gelegentlich am Telefon. Er schien sich zu freuen, von mir zu hören. Seine Erlebnisse jedoch aufzuschreiben, lehnte er weiterhin kategorisch ab. So machte ich den Vorschlag, es für ihn zu tun. Doch auch hier winkte er ab. Dennoch, die Gespräche mit Mietek Pemper ließen mich nicht mehr los, und ich bestellte beim Bundesarchiv Koblenz eine Kopie der Mikrofilme mit den Unterlagen aus Oskar Schindlers Koffer. Das Lesen am Lesegerät war mühselig, doch recht bald wurde mir klar, dass es bereits in den 1960er Jahren ein Filmprojekt hätte geben sollen. In dem Zusammenhang hatte Oskar Schindler Mietek Pemper um einige Aufzeichnungen gebeten. Er würde gerne helfen, schrieb er am 29. Oktober 1964 an Schindler. Leider sei er aber nicht in der

Lage, solche Erinnerungen zu schreiben oder zu diktieren. »Immer noch nicht«, fügte er erläuternd hinzu. »Bitte verstehen Sie mich richtig und vermuten Sie nicht, dass ich Ihnen nicht behilflich sein will. Es gibt so viele Leute in vielen Ländern, die gerne ihre Erinnerungen niederschreiben und Ihnen zur Verfügung stellen würden, dass ich nicht begreifen kann, warum Sie [...] nicht schon seit Wochen unsere israelischen Freunde beauftragt haben, ein Sammelwerk auf Erinnerungsbasis zusammenzustellen. Ich bin gerne bereit, mich auch dann noch einzuschalten, um alles zu korrigieren usw.« Nach der aufschlussreichen Formulierung, »immer noch nicht« etwas zu Papier bringen zu können, kam die beinahe unerträglich klingende Frage an Oskar Schindler: »Was erwarten Sie noch von mir?«[68]

Wegen einer Konferenz in Hamburg flog ich Anfang November 2002 erneut für eine Woche nach Deutschland und besuchte natürlich auch Mietek Pemper in Augsburg. Dieses Mal begleitete ich ihn zu einem Vortrag in der St.-Martins-Gemeinde in Kaufbeuren. Während der Zugfahrt erfuhr ich, dass er sich nicht nach Vorträgen dränge, sich aber der moralischen und historischen Verpflichtung wegen trotzdem dazu bereitfände. Der große Gemeindesaal war bis auf den letzten Platz gefüllt mit munter schwatzenden Schülerinnen und Schülern, älteren Menschen, Kirchenmitgliedern. Anwesend waren u.a. der Bürgermeister der Stadt, eine Landrätin, mehrere Schulleiter, Vertreter einer Zeitung, sowie ein Fernsehteam. Bevor Pemper mit seinem Vortrag begann, gingen mir etliche Fragen durch den Kopf: Wieviel psychische Kraft brauchte es, um Tag für Tag im »Epizentrum des Bösen« zu arbeiten? Wieviel Lebensklugheit, aus nächster Nähe die Präsenz eines Massenmörders zu ertragen? Wieviel Aufmerksamkeit und Geistesgegenwart, um nicht unbeabsichtigt den Jähzorn dieses Psychopathen auf sich zu ziehen? Und was mag es nach diesen extremen Belastungen für

Pemper bedeuten, sich seit Mitte der 1990er Jahre immer wieder zu einem Roman und zu einem Film äußern zu müssen, obwohl dort sein entscheidender Beitrag zur Rettung tausender Menschenleben unerwähnt bleibt?

Auch an diesem Abend sprach Pemper nicht über seine »geschönten« Produktionslisten, sondern verglich Amon Göth mit Oskar Schindler. Beide waren mehr oder weniger gleich alt und stammten aus ähnlich kleinbürgerlichen Verhältnissen. Göth liebte den Kampfsport, Schindler schnelle Autos. Beide waren früh in die NSDAP eingetreten – der eine in Österreich, der andere im Sudetenland. Beide schätzten das gute Leben, sprachen dem Alkohol zu, liebten die Gesellschaft attraktiver Frauen und verfügten über ein gewisses Maß an Weltgewandtheit. »Doch der eine hat Leben gerettet, der andere hat Leben zerstört«, betonte Pemper und schaute dabei direkt in den Saal, statt wie bisher fast ausschließlich auf seine Hände. Dann stellte Pemper die rhetorische Frage, was aus dem einen und dem anderen wohl ohne den Krieg in Polen geworden wäre. »Göth hätte bestimmt die kleine Druckerei und das Geschäft seines Vaters geerbt und weitergeführt. Schindler wäre in die nicht gerade erfolgreiche Landmaschinenfabrik seines Vaters eingestiegen. Der eine wäre kein Massenmörder geworden; der andere kein Lebensretter.« Oder anders gefragt: Hätte sich Göth empathisch wie Schindler verhalten können? Schon, wenn er es denn gewollt hätte. Aber hätte Schindler sich je wie Göth verhalten und Menschen wahllos erschießen können? Nein. Denn er war ein grundanständiger Charakter.

Im Zusammenhang seines Vortrags in Kaufbeuren erinnerte Pemper seine Zuhörerinnen und Zuhörer an die sozialpsychologischen Experimente von Stanley Milgram aus den 1960er Jahren.[69] »Wir sind alle schwach«, hob er hervor, und »der Firnis der Zivilisation ist hauchdünn. Trotzdem besitzen wir die Möglichkeit, uns Aufforderungen und Befehlen zu widersetzen, wenn wir diese als unmoralisch erkannt haben. Leider tun das nur wenige.«[70] Und nun erzählte Mietek Pemper von einem jungen SS-Mann, den er in fast allen Vorträgen erwähnte. Der hörte auf sein Gewissen und nahm eine ihm nicht bekannte Bestrafung in Kauf, anstatt einem abscheulichen Befehl zu entsprechen. Pemper erklärte das wie folgt:

> Im Frühsommer 1943 musste Göth zu einer Besprechung in die Stadt. Er stand bereits mit seinem BMW am Lagertor und diktierte mir schnell noch etwas. Da kam Dworschak auf Göth zu und machte Meldung. Dworschak war groß, blond und blauäugig aus der Leibstandarte Adolf Hitler. Er sagte, die Polizei habe bei einer Kontrolle in der Innenstadt von Krakau festgestellt – dabei wies er auf eine Frau, die mit einem Kind im Arm circa einhundertfünfzig Meter von uns entfernt stand – dass sie gefälschte Papiere habe. Daraufhin sagte Göth – ohne sich nach der Frau und dem Kind umzudrehen – »Erschießen Sie sie«, und hat mir dann einfach weiter diktiert. Aber Dworschak rührte sich nicht vom Fleck. Da drehte Göth sich um und sagte – dieses Mal aber sehr laut: »Erschießen Sie sie!« Doch Dworschak bekam nur ein rotes Gesicht und sagte ganz leise: »Das kann ich nicht.« Göth verschlug es für einen Moment die Sprache. Dann brüllte er Dworschak an und drohte ihm mit allen Strafen der Hölle. Doch Dworschak stotterte jetzt fast und stammelte immer wieder: »Das kann ich nicht. Das kann ich nicht.«[71]

Pemper erinnerte sich sogar an den genauen Wortlaut der Abmahnung, die ihm Göth – noch am Lagertor stehend – diktiert hatte. Dworschak habe einige Wochen Ausgangssperre und eine zeitweilige Beförderungssperre erhalten. »Mehr ist ihm nicht passiert!«, sagte Pemper nun ausgesprochen dezidiert. Er wiederholte sogar diesen Satz, als wolle er sicher gehen, dass alle im Saal ihn auch gehört haben. Dass die Frau und ihr Kind wenig später trotzdem von einem anderen SS-Mann erschossen wurden, bedauerte Pemper. Doch wichtig sei ihm die Erfahrung, dass es selbst innerhalb der SS möglich war, Widerstand zu leisten, und dass einer der SS-Leute dies tatsächlich auch gewagt hatte. Nach dem Krieg habe er nach diesem jungen SS-Mann gesucht, um ihm für seine Weigerung zu danken. Er habe ihn leider aber nicht finden können.

Nunmehr herrschte angespannte Stille im Saal. Einige Zuhörerinnen und Zuhörer rutschten etwas verlegen auf ihren Sitzen hin und her. Schließlich gab es verhaltenden, dann intensiv andauernden Beifall. Die ersten Fragen bezogen sich – wie fast immer nach Pempers Vorträgen – auf inhaltliche Unterschiede zwischen Roman und Film. Doch mit der nächsten Frage änderte sich der Fokus. »Herr Pemper, Sie sagten, dass es oft die Verweigerer, die Querdenker waren, die mitfühlend gehandelt haben. Und dass dazu viel Mut gehörte. So stellt sich für mich als Lehrer die Frage, ob es nicht eigentlich Aufgabe der Bildungsinstitutionen wäre, produktives Querdenken zu fördern und kritischen Widerspruchsgeist zu kultivieren. Doch unser Staat, unsere Institutionen funktionieren umso besser, je stromlinienförmiger wir denken und je weniger Widerspruchsgeist existiert. Können Sie uns Lehrern und auch den Schülern einen Rat geben?«[72] Dazu Mietek Pemper:

> Ich kann nur hoffen, dass sich vor allem junge Menschen heute des Vorteils bewusst sind, in einem demokratischen Staat zu leben mit garantierten Freiheiten.

[...] Ich empfinde es als besonders wichtig, die politische und emotionale Sensibilisierung zur Mitmenschlichkeit zu fördern. Aus meiner Sicht wird die Menschheit erst dann Fortschritte machen, wenn die Ethik der individuellen Verantwortung Schule macht.[73]

Auf der Rückfahrt nach Augsburg kam ich erneut auf das zu schreibende Buch zu sprechen. Ich bot Mietek Pemper an, auch den gerade gehaltenen Vortrag zu transkribieren, für ihn auszudrucken und ihm für sein Buch zur Verfügung zu stellen. Pemper lächelte und schien gerührt. Doch wiederum winkte er ab. »Nein, ich möchte nicht, dass ein Buch geschrieben wird. Beruflich bin ich noch immer zu sehr eingespannt.« Ich spürte, es würde nichts bringen, ihn erneut zu bedrängen. Also schwieg ich. In den nächsten Wochen und Monaten hielt Pemper weiterhin Vorträge in Schulen und an Universitäten. Er trat im Fernsehen bei Alfred Biolek und Johannes B. Kerner auf. Nach wie vor sprach er jedoch kaum über seinen Beitrag zu Oskar Schindlers Liste.

Auf eine weitere Anfrage hin erhielt ich im Frühjahr 2004 vom Jewish Historical Institute in Warschau die Buchveröffentlichung über Amon Göths Prozess vom September 1946. Das Papier ist vergilbt, und beim Umblättern lösen sich die Seiten leicht aus dem Buchrücken. Die deutsche Übersetzung des polnischen Textes bestätigt Pempers bisher gemachte Aussagen über Płaszów bis in kleinste Details.[74] Kurz darauf erhielt ich, ebenfalls aus Warschau, die Kopie von Mietek Pempers eidesstattlicher Erklärung vom 23. Februar 1950 zum Prozess gegen SS-Obersturmbannführer Gerhard Maurer. Auch Maurer wurde

Abb. 18: Deckblatt der polnischen Buchveröffentlichung zum Prozess von Amon Göth, 1947

zum Tode verurteilt und 1953 in Kraków hingerichtet. Maurer war der Chef des Amtes D II im Wirtschaftsverwaltungshauptamt (WVHA) in Berlin-Oranienburg. Er war einer der obersten Vorgesetzten von Göth. Pemper beschreibt in seiner Erklärung zu Maurer ausführlich die tägliche Arbeit als Göths Schreiber. Aufgrund seines exzellenten Schriftgedächtnisses kann Pemper nicht nur Maurers Unterschrift nachzeichnen, sondern auch die Farbe des benutzten Kopierstifts benennen. Pemper erwähnt in seiner eidesstattlichen Erklärung die Tricks mit dem Kohlepapier und kann zu Maurers Erstaunen die Gesamtstruktur des WVHA schildern und sogar die genauen Arbeitsbereiche des von Maurer geführten Amtes D II beschreiben.⁷⁵ Pemper verweist auf Maurers explizite Zustimmung zu den von Göth durchgezogenen »Gesundheitsaktionen« vom 7. und 14. Mai 1944. Damals wurden mehr als 1300 Juden – darunter 286 Kinder – zur »Endlösung« nach Auschwitz geschickt. Doch Maurer leugnete alles und stellte Pempers Glaubwürdigkeit in Frage. Der Zeuge könne das nicht aus erster Hand wissen, insistierte er. Erst als Pemper eine schwarz umrandete Trauerkarte erwähnte, die Maurer nach dem Tod seiner Frau und seiner Kinder aufgrund eines alliierten Bombenangriffs an die Kommandanturen aller Konzentrationslager geschickt hatte, verschlug es dem Angeklagten die Sprache. Maurer »saß einen Moment wie versteinert da. Dann beriet er sich kurz mit seinem polnischen Rechtsanwalt. Er stand auf und sagte leise: ›Das stimmt. Ich werde die Glaubwürdigkeit des Zeugen nicht mehr anfechten. Aber verstehen kann ich das Ganze nicht.‹«⁷⁶ Dann habe er sich kopfschüttelnd hingesetzt, noch laut auf Amon Göth geschimpft und vor sich hingemurmelt, wie dieser Göth es nur habe wagen können, einen jüdischen Häftling als persönlichen Schreiber zu beschäftigen! Das sei doch gegen jegliche Vorschriften gewesen.

Pemper betonte, sich bis zum Zeitpunkt von Maurers leidenschaftlicher Reaktion nicht richtig bewusst gewesen zu sein, wie außergewöhnlich die ihm aufgezwungene Position bei Göth war. In hunderten von kleineren und größeren Lagern hatten Häftlinge in Schreibstuben Listen getippt und Botendienste verrichtet. Doch außer Pemper hatte kein jüdischer Häftling je Zugang zum Dienstschreibtisch und zur Privatpost eines KZ-Kommandanten. Und kein anderer Häftling hatte je Originalschreiben vom Chef des Amtes D II oder Unterlagen aus dem SS-WVHA in Berlin zu Gesicht bekommen.

Seit unserem ersten Treffen im Sommer 2001 hatte ich Mietek Pemper wiederholt ans Herz gelegt, seine Erfahrungen aufzuschreiben und ein Buch unter keinen Umständen davon abhängig sein zu lassen, ob die besagten Produktionslisten nun aufgefunden worden seien oder nicht. Immer wieder hatte Pemper abgelehnt. Ich erinnere mich an einige schwierige Gespräche über dieses Thema. Immer wieder kam Pemper mit Gegenargumenten. Irgendwann meinte er sogar, niemand würde sich für ein solches Buch überhaupt interessieren. Doch aufgrund der inzwischen übersetzten Prozessakten und angesichts der eidesstattlichen Erklärung in Sachen Gerhard Maurer erklärte sich Mietek Pemper endlich zu einem Buch bereit. Mitte 2004 kam es zum Vertragsabschluss über eine zu schreibende Biographie. Im Verlagsvertrag sind außer Mietek Pemper als Autor auch Viktoria Hertling und Marie Elisabeth Müller gelistet, denn eine Zeitlang arbeitete diese junge Journalistin aus Stuttgart mit an dem Buch. Doch im Januar 2005 beendete sie abrupt ihre Mitarbeit und stieg aus dem Projekt aus.[77] Im Februar 2005, mitten in der intensiven Schreibphase – immerhin sollte das Buch zum 60. Jahrestag des Kriegsendes fertig sein – machte Jens Petersen, unser Lektor von Hoffmann und Campe, den Vorschlag, den ursprünglich als Biographie angedachten Text als Autobiographie zu schreiben. Mir stockte der Atem. »Ich, in der Stimme eines Holocaustüberlebenden schreiben? Niemals! Wie soll das gutgehen?« Doch ermuntert durch Mietek Pemper schrieb ich einige Seiten des bisherigen Manuskripts um und merkte an seiner anerkennenden Reaktion, dass er mit mir als seiner Ghostwriterin sehr zufrieden war.

Kurz darauf erhielt ich von Yad Vashem in Jerusalem einen getippten Bericht, den Izak Stern 1956 verfasst hatte.[78] Darin – genauer gesagt auf den Seiten 26 bis 28 – bezeichnet sich Stern als den Planer und Initiator zum Fortbestand des ZAL Płaszow. Er schreibt:

> An einem Sonntag kam ein Telephogramm [sic] aus Oranienburg: sofort eine Aufstellung sämtlicher Maschinen machen. Oranienburg war die Zentrale. Da es Sonntag war, war von den maßgebenden Deutschen keiner da. Als der Sekretär [Stern meint hier sicherlich den Lagerschreiber Pemper] das Telegramm sah, kam er zu mir. Gleich darauf kam die zweite Nachricht: sofort Lagerbestand an Häftlingen aufnehmen. Goeth kam in dieser Nacht nicht zurück und rief Pemper, der auch im Büro arbeitet, nicht zu sich. Wir beschlossen, Goeth nahe zu legen, nicht eine reine Ziffernangabe zu machen, sondern ein[en] detaillierten Bericht. Das würde Eindruck machen und uns vielleicht die Umwandlung in [ein] KZ bringen. So sagte Pemper Goeth, nachdem dieser die Telegramme gelesen hatte, wir wollen einen interessanten Bericht über alle Leistungen der Werkstätten machen. Wir brachten viele falsche Zahlen hinein, vieles doppelt oder für Vergangenheit und Zukunft dasselbe. Man konnte es schwer kontrollieren. Das Ganze wurde als ein schönes Buch gedruckt, mit einer Menge von Zeichnungen und Kartogrammen, und in unserer Buchbinderei wunderschön gebunden. Goeth las das Ganze.[79]

Abgesehen von Izak Sterns eigenwilligen Formulierungen – »viele falsche Zahlen [...], vieles doppelt oder für Vergangenheit und Zukunft dasselbe« – fällt im kopierten Original des getippten Berichts auf, dass mehrfach Wörter wie »Pemper«, »er« oder »ihn«

handschriftlich durch »ich« oder »mich« ersetzt worden waren. Die Schrift dieser Korrekturen konnte ich niemandem zuordnen. Doch nicht nur das machte mich stutzig. Im Hauptlager von Płaszów war Izak Stern Buchhalter und als solcher für Werkstattabrechnungen zuständig. Wie Pemper arbeitete er im Gebäude der Kommandantur, doch im Gegensatz zu Pemper verfügte Stern keineswegs über einen direkten Kontakt zu Göth. Pemper hatte uneingeschränkt Zutritt zu Göths Privatbüro und konnte es selbst nach Dienstschluss, nachts oder sogar sonntags betreten, um Göth auf eingetroffene Fernschreiben aufmerksam zu machen oder nicht erledigte Arbeiten abzuschließen. Keiner der wachhabenden SS-Leute hätte deswegen Alarm geschlagen. Zudem war Göth ein Nachtmensch und tauchte auch zu ungewöhnlichen Zeiten im Büro auf. Wenn er dann auf Pemper bei der Arbeit traf, empfand Göth das nicht als ungewöhnlich.

Izak Stern besaß bestenfalls dienstlich Zugang zu Göths Vorzimmer und schon gar nicht zum Privatbüro. Deshalb befremdet seine Behauptung, er habe sich zu dem »Kommandeur« in einem besonderen Vertrauensverhältnis befunden. Trotzdem schreibt Stern, Pemper und er hätten »beschlossen, Goeth nahe zu legen«, einen »detaillierten Bericht« zu schreiben. Die Prozessunterlagen aus dem Jahr 1946 belegen eindeutig, dass kein Häftling dem autoritären und selbstherrlichen Kommandanten irgendetwas hätte »nahelegen« können. Zudem suggeriert die Formulierung, wir »wollen einen interessanten Bericht über alle Leistungen der Werkstätten machen«, der Kommandant hätte sich bereit erklärt, zusammen mit Häftlingen einen »interessanten«, d. h. einen nicht wahrheitsgemäßen Bericht anzufertigen. Das ist abwegig. Entspräche Sterns Behauptung der Wahrheit, hätte Göths Verteidiger beim Prozess Izak Stern als Entlastungszeugen angefordert. Das ist nicht passiert. Izak Stern hat nicht einmal als Zeuge beim Prozess ausgesagt. Schließlich meint Stern in seinem Bericht aus dem Jahr 1956, der SS-General Pohl, der »Stellvertreter von Himmler«, habe das Lager Płaszów inspiziert. Oswald Pohl war nie der Stellvertreter des Reichsführers SS, und zu Sterns Behauptung, Pohl sei auch in Płaszów gewesen,[80] finden sich in den Unterlagen zum WVHA-Kriegsverbrecherprozess in Nürnberg keinerlei Hinweise.

Obwohl Sterns Aussagen im Grunde unbrauchbar und historisch nicht nachvollziehbar sind, ist David M. Crowe in seiner umfangreichen, Ende 2004 publizierten Schindler-Biographie jedoch der Meinung, sowohl Izak Stern als auch Mietek Pemper hätten im Herbst 1943 Anteil gehabt am Erhalt des Lagers Płaszów. Die Aussagen Sterns und die von Pemper miteinander abwägend, liegt für Crowe die Wahrheit darum irgendwo in der Mitte. »As is usual when perspectives differ, the realities lie somewhere in between. [...] My suspicion is that Mietek Pemper und Itzhak Stern both played a role in preparing the reports that helped convince Göth and WVHA to make Płaszów one of the only twenty permanent concentration camps.«[81] Crowes Vermutung, Göth hätte »convinced«, d. h. »überzeugt«, werden müssen, das ZAL in ein KZ umzuwandeln, verkennt eindeutig Göths geringe Handlungsbefugnisse. Entscheidungen zum Fortbestand eines ZAL wie Płaszów wurden von hochrangigen Leuten wie SS-Obergruppenführer Pohl, SS-Gruppenführer Globocnik und SS-Obersturmführer Maurer gefällt – letztlich wohl sogar aufgrund einer direkten Weisung von Heinrich Himmler.

So schreibt Globocnik am 5. Januar 1944: »Reichsführer! Ich erlaube mir, in der Beilage die Meldung über die wirtschaftliche Abwicklung der Aktion Reinhardt vorzulegen, da Sie, Reichsführer, mit Schreiben vom 22.9.1943 befohlen hatten, daß ich sie am 31.12.1943 abgewickelt und übergeben haben müsste.« Im Anhang dieses Schreibens heißt es dann, SS-Obergruppenführer Pohl habe am 22. Oktober 1943 die Übergabe folgender Arbeitslager durch die Amtsgruppe D angeordnet: »1) Alter Flughafen Lublin 2) SS-Arbeitslager Trawniki 3) SS-Arbeitslager Poniatowa 4) Zwangsarbeitslager und SS-Werkstätten in Radom 5) Zwangsarbeitslager und SS-Werkstätten in Buzyn 6) Hauptlager Krakau – Plascow [...]«. Über die Aktion wurden dann die entsprechenden Lagerführer (damit u. a. auch Amon Göth) lediglich »unterrichtet«. Ziel dieser Maßnahme sei die Vereinbarung von SS-Obergruppenführer Friedrich-Wilhelm Krüger mit den Lagerführern (in diesem Falle also u. a. auch mit Göth) gewesen, »dass a) künftig nur mehr Rüstungsaufträge in die Arbeitslager kommen b) er [d. h. Krüger] am 2.11. die Zusicherung bekommen habe, weitere 10.000 Juden für die Rüstungsarbeit abzustellen«.[82] Seines niederen Dienstgrades wegen gehörte Göth demnach eindeutig nicht zur Gruppe der Entscheider. Auch scheint David M. Crowe die Aktennotiz Oswald Pohls vom 7. September 1943 nicht bekannt gewesen zu sein.[83]

Crowe hatte nach eigenen Angaben mehrere Gespräche mit Mietek Pemper in Augsburg geführt, dabei wohl aufgrund unzureichender Deutschkenntnisse manches missverstanden.[84] So meint Crowe, das Wort »Julag« sei die Kurzform des Wortes »Jüdischelager«.[85] Zudem behauptet er, das ZAL Płaszów sei ein »Nebenlager« von Majdanek gewesen.[86] Den bereits erwähnten Amtsbereich von Gerhard Maurer bezeichnet Crowe durchweg als »D2« statt korrekt als D II.[87] Besonders ärgerlich aber ist, dass sich Crowe bei seiner Behauptung, Oskar Schindler habe »absolutely nothing«[88] mit dem Erstellen der Listen zu tun gehabt, auf Aussagen eines Płaszów-Überlebenden bezieht, der bereits im August 1944 ins KZ Mauthausen abtransportiert worden war – im engeren Sinne also kein »Schindler-Jude«. Darum konnte er aus eigener Erfahrung nichts von den Ereignissen im Herbst 1944 wissen. Zudem stammt die von Crowe benutzte Quelle eindeutig aus zweiter Hand.[89]

Thomas Keneally, der den Stern-Bericht wohl gekannt haben wird, war also gut beraten, das Thema der Hochstufung zum KZ mehr oder weniger mit einem Satz abzuhandeln, denn aus dem, was Izak Stern mitteilt, kann niemand auf etwas Konkretes schließen. Sterns Verdienste um seine Mithäftlinge sind unbestritten, doch liegen sie in anderen Bereichen.[90] In der Mitschrift von Oskar Schindlers Rede bei der Befreiung des Lagers Brünnlitz heißt es: »Für Euer Überleben dankt nicht mir, dankt Euren Leuten, die Tag und Nacht arbeiteten, um Euch vor der Vernichtung zu retten. Dankt Eueren [sic] unerschrockenen Stern und Pemper, die bei ihrer Aufgabe für Euch jeden Moment dem Tode ins Auge geschaut haben.«[91] Mit dem Fortbestand des Lagers hatte Izak Stern allerdings nicht maßgeblich zu tun.

Nachdem ich den Stern-Bericht aufmerksam gelesen hatte, stand für mich fest, dass ich ihn an Pemper nach Augsburg faxen müsse. Doch ich machte mir Sorgen. Wie würde er reagieren? Alternativ stellte ich mir vor, dass demnächst bei einer Lesung jemand auf den Stern-Bericht zu sprechen käme und Pemper dann davon nichts wüsste. Also faxte ich den Bericht an Pemper. Als ich einige Tage später, am 7. Februar 2005, in Augsburg anrief, hörte ich sofort an Pempers Stimme, dass mit ihm etwas nicht stimmte. »Mein Blutdruck ist enorm nach oben geschnellt«, erklärte er umgehend. »Ich musste sogar zum Arzt gehen.« Dann murmelte er etwas von seinen »angeschlagenen Stimmbändern« und hätte das Telefonat wohl am liebsten sofort beendet – trotzdem legte er den Telefonhörer nicht auf. Über die Telefonleitung hörte ich seinen gequält unruhigen Atem. Für Pemper war es stets wichtig, sich bei seinen Aussagen zu Płaszów an die Wahrheit zu halten – ganz im Sinne

27.7.69
Herrn
Dir. Oskar Schindler
6 Frankfurt am Main
Am Hauptbahnhof 4/63

Sehr geehrter, lieber Herr Direktor Schindler,

Vielen Dank für Ihren Anruf vor einigen Tagen. Gleichzeitig schreibe ich auch eine Ansichtskarte an unseren gemeinsamen Freund nach London, daß leider diesmal das Treffen nicht stattfinden kann. [...] Ich kann diesen Brief nicht beenden, ohne unseres Freundes Izak Stern zu gedenken. Keine Nachricht der letzten Jahre, auch das Telegramm über den Tod meines Cousins in Polen, hat mich so erschüttert, wie diese Todesnachricht. Über meine persönliche Einstellung zum Phänomen Stern als Mensch, Vorbild, Helfer, Denker, Theoretiker und Praktiker zugleich – brauche ich Ihnen wohl nicht zu schreiben. Ich war einfach gedanklich nicht darauf vorbereitet, daß er schwer krank ist, da ich doch bei Ihnen Fotos gesehen habe, auf denen er so gutaussehend, fast möchte ich sagen: jung sich präsentierte. Umso schwerer traf mich die Nachricht, daß er nicht mehr lebt. Ich kann sagen, daß ich einen Menschen verloren habe, den ich von allen, die im Krieg und im Lager zusammen waren, am meisten bewundert habe, der am besten die Ideale verkörperte, die man eben unter den besonderen Bedingungen der KZ-Zeit bei nur so wenigen gesehen hat: Hilfsbereitschaft, Selbstlosigkeit, Anspruchslosigkeit bis zur Abnegation – immer an Alle und andere denken, niemals an sich selbst, sich niemals in den Vordergrund schieben – wahrhaftig, es gab kaum jemanden, der mit ihm in einem Atemzug genannt werden kann und darf.

Auch Sie wissen, wen Sie verloren haben: Er war der vorbehaltsloseste Bewunderer Oskar Schindlers, er ließ niemals Einwände gelten, daß man das eine so und das andere vielleicht wiederum so hätte machen können, er spornte uns alle an, immer an unserer lebenslange Verpflichtung Ihnen gegenüber zu denken. Man kann nicht an Sie und Ihr Tun und Wirken denken, ohne gleichzeitig an Ihn zu denken. Bei keinem von uns war und ist die Bereitschaft, a l l e s für Sie zu tun, so groß, jederzeit parat und vorbehaltlos, wie bei ihm. [...] Entschuldigen Sie, wenn ich diesen Brief mit soviel eigentlich selbstverständlichen Worten über unseren verstorbenen großen Freund und großen Menschen ergänze – ich kann hier in Augsburg ja mit niemandem darüber sprechen und halte es für meine Pflicht, Ihnen zu sagen, was ich meine, was mich nicht zum Gleichgewicht kommen läßt seitdem ich die Nachricht erhalten habe. Wir sind alle ärmer geworden, seitdem dieser edle Mensch nicht mehr lebt.

Bitte vernichten Sie den Brief, nachdem Sie ihn gelesen haben.
Mit vielen herzlichen Grüßen bin ich
herzlichst Ihr

Mietek Pemper

Abb. 19: Transkription des Briefs von Mietek Pemper an Oskar Schindler zum Tod von Izak Stern

des Schwurs, der ihm als Zeuge bei Kriegsverbrecherprozessen immer wieder abverlangt worden war. Der »Schindler-Jude« Moshe Bejski – in den 1970er Jahren Oberster Richter im Staat Israel – meinte einmal, Mietek Pemper kenne nicht nur die Fakten sehr genau, er gehe mit diesen auch äußerst verantwortungsvoll um.[92] So schreibt Pemper am 24. Januar 1961 an den Offizialverteidiger Albrecht in Tauberbischofsheim, der ihn im Falle des SS-Mannes Josef Müller um eine Zeugenaussage gebeten hatte, er habe zu Herrn Müller keinen Kontakt gehabt, könne darum nichts zu seinem Fall aussagen, werde sich aber im Bekanntenkreis umhören, ob jemand Josef Müller gekannt habe. »Ich bin nämlich der Meinung, dass in jedem Prozess, auch in Prozessen gegen ehemalige Lagerführer, Entlastungsmomente zur Sprache kommen müssen, und will auch dazu beitragen, dass Sie und das Gericht ein vollständiges Bild der Tätigkeit des Herrn Müller in Płaszów erhalten.«[93]

Izak Stern, der alte Freund und ehemalige Gefährte, war 1969 in Israel gestorben. Sein Tod hatte Pemper enorm getroffen.[94] Im Jahr 2005 kann er sich darum zum Inhalt seines Berichts nicht mehr äußern. Er kann vor allem nichts mehr zu den Gründen oder den näheren Umständen sagen, die ihn 1956 bewogen haben mögen, diesen Bericht zu schreiben. Derweil hörte ich übers Telefon weiterhin Pempers schweren Atem. Plötzlich aber klang seine Stimme energisch, fast aufgebracht: »Ich verstehe einfach nicht, warum Stern mir derart in den Rücken gefallen ist. Vor allem hat Stern weder bei unseren Gesprächen hier in Augsburg noch in Israel je etwas von diesem Bericht verlauten lassen. Ich hätte doch volles Verständnis dafür gehabt, dass er sich in den 1950er Jahren in Israel hatte rechtfertigen müssen ...«[95] Entgegen seiner Gewohnheit beendete Pemper seinen Satz nicht. Er hat oft betont, im Lager die reguläre Streifenkleidung der Häftlinge getragen zu haben, obwohl ihm Göth einen maßgeschneiderten Anzug zugestanden hätte. Doch Pemper wollte die Streifenkleidung nicht gegen eine bessere Kluft eintauschen. Seine Weigerung begründete er Göth gegenüber mit der Behauptung, als Jude wolle er auswärtige SS-Führer nicht in Verlegenheit bringen, wenn diese ihm in der Kommandantur aufgrund der besseren Kleidung die Hand schütteln möchten. Doch in Wirklichkeit wollte Pemper keinerlei Privilegien für sich in Anspruch nehmen. Und so fragte ich in die Stille des soeben abgebrochenen Satzes: »Herr Pemper, welche Uniform hat eigentlich Izak Stern getragen?« Pemper und ich hatten bisher nie ausdrücklich über Izak Stern oder dessen Verhältnis zu Oskar Schindler gesprochen, und so kann ich im Grunde nicht erklären, warum ich mich auf einmal für Sterns Uniform interessierte. Wiederum machte Pemper eine längere Pause. Dann nahm seine Stimme den gewohnten, ruhigen Tonfall an: »Stern war beim jüdischen Ordnungsdienst. Er hat die Uniform und die Mütze der Lagerpolizei getragen. Doch zu seiner Ehrenrettung muss ich sagen, er war einer von den Anständigen. Mir gegenüber hat er das Ganze mit seinem fortgeschrittenen Alter gerechtfertigt. Er sei eben nicht mehr so kräftig und so widerstandsfähig wie ich. Da ich aber stets die gestreifte Häftlingskleidung getragen habe, konnte niemand etwas Nachteiliges gegen mich vorbringen. So hatte ich beim Prozess gegen Göth auch keine Vorbehalte, in den Zeugenstand zu treten. Göth konnte mich in keiner Weise der Kollaboration bezichtigen.« »Und Stern?«, warf ich ein. »Warum ist Stern beim Göth-Prozess nicht als Zeuge aufgetreten? War er etwa schon nach Palästina abgereist?« »Nein. War er nicht. Stern lebte 1946 noch in Kraków. Doch beim Prozess hat er nicht ausgesagt. Leopold Pfefferberg übrigens auch nicht, denn seine Position im Lager war ebenfalls anders als im Roman und im Film dargestellt.«[96]

Wenige Tage später bat mich Pemper, den Inhalt des besagten Telefonats nicht in den Text der Autobiographie aufzunehmen und meine Kritikpunkte an dem Stern-Bericht besser als »Exkurs« unter meinem Namen zum Ende des Buches zu bringen.[97]

Mitte November 2005 – nach dem gemeinsamen Besuch eines Gottesdienstes in der Augsburger Synagoge – bat mich Mietek Pemper für eine Weile in sein Büro. Er wirkte erschöpft. Erneut sprach er von seinem hohen Blutdruck und den angeschlagenen Stimmbändern. Inzwischen war er 85. Ich bot an, frischen Tee zu machen. Derweil verzog sich Pemper in sein Privatbüro, das ich trotz meiner häufigen Besuche bei ihm nie betreten habe. Ich glaube aber zu wissen, was er dort zusammengetragen hatte: Kopien zahlreicher Dekrete aus der deutschen Besatzungszeit; Verordnungen des Generalgouvernements; alte Postkarten sowie polnisch- und englischsprachige Sachbücher zum Ghetto und zum Lager. Dann diverse Prozessunterlagen. Pemper hat außer gegen Gerhard Maurer auch gegen zwei von Göths unmittelbaren Vorgesetzten ausgesagt. SS-Sturmbannführer Willi Haase wurde 1952 in Kraków verurteilt und hingerichtet. SS-Sturmbannführer Martin Fellenz – in den 1960er Jahren ein angesehener FDP-Politiker in Schleswig-Holstein – wurde zwar des mehrfachen Mordes angeklagt, aus Mangel an Beweisen aber nie verurteilt. 1947 hat Pemper in Polen beim ersten Auschwitzprozess als Übersetzer gearbeitet. Hauptangeklagt waren außer dem SS-Obersturmbannführer Artur Liebehenschel auch Maria Mandel, die brutale Oberaufseherin im

Frauenlager, sowie die beiden Ärzte Dr. Johann Paul Kremer und Dr. Hans Münch. 1948 war Pemper der designierte Gerichtsdolmetscher im Verfahren gegen Dr. Josef Bühler, den Stellvertreter des Generalgouverneurs Dr. Hans Frank, der 1946 in Nürnberg zum Tode verurteilt worden war. Bühler war Katholik. Sein Bruder war Priester in Bayern. Im Zeugenstand beteuerten mehrere Amtskollegen, der Angeklagte habe Menschen doch nur geholfen. Doch der polnischen Staatsanwaltschaft lag eine Kopie des wenige Monate zuvor per Zufall aufgetauchten Protokolls der Wannseekonferenz vom 20. Januar 1942 vor. Dort ist Bühlers Vorschlag protokolliert, mit der Judenvernichtung im Generalgouvernement zu beginnen. Vom Gericht zum Tode verurteilt, wurde Josef Bühler 1948 hingerichtet.

Ein Gefühl der Reue – so betonte Pemper später mehrmals – habe niemand der Angeklagten je zum Ausdruck gebracht. »Kein Angeklagter nutzte sein letztes Wort, um zum Beispiel zu erklären: ›Ich stand unter dem Eindruck einer falschen Propaganda. Ich habe damals nicht gewusst, was ich heute weiß. Ich wundere mich selber, wie ich so habe handeln können. Ich bedaure das.‹ Nichts von dem ist passiert. Kein Bekenntnis der Trauer um den Tod der vielen unschuldigen Opfer, keine Entschuldigung, keine Abbitte, keine Reue.«[98]

Pemper besaß in seinem Privatbüro auch eine Kopie des Gnadengesuchs von Amon Göth. Nur einmal hat er mir dieses Dokument gezeigt. Dessen Wortlaut kannte Pemper allerdings mehr oder weniger auswendig: »Göth bittet den polnischen Staatspräsidenten, die Todesstrafe in eine Freiheitsstrafe umzuwandeln. Er habe als Soldat lediglich Befehle nach damals gültigen Gesetzen ausgeführt. Er möchte nun die Gelegenheit bekommen zu beweisen, ein brauchbares Mitglied der menschlichen Gesellschaft zu werden.«[99]

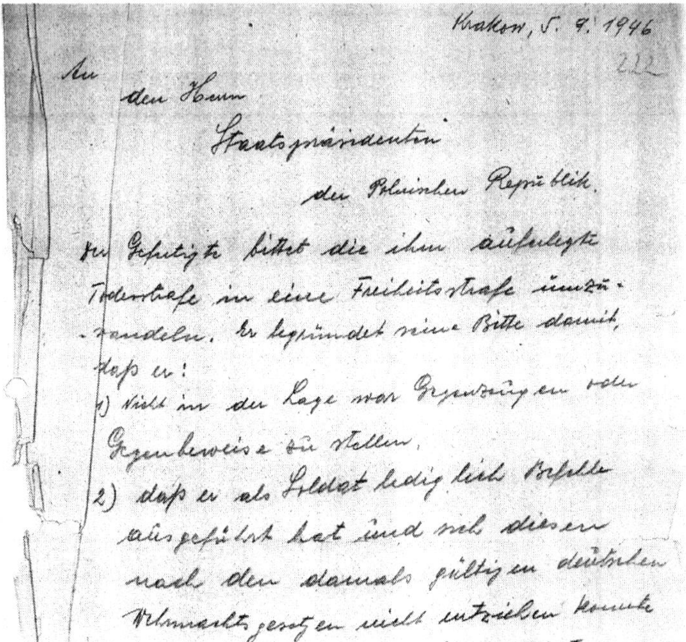

Abb. 20: Handschriftliches Gnadengesuch von Amon Göth, 5. September 1946

> Krakau, 5.9.1946
>
> An den Herrn Staatspräsidenten der Polnischen Republik.
> Der Gefertigte bittet die ihm auferlegte Todesstrafe in eine Freiheitsstrafe umzuwandeln. Er begründet seine Bitte damit, daß er:
>
> 1) Nicht in der Lage war Gegenzeugen[100] oder Gegenbeweise zu stellen
> 2) daß er als Soldat lediglich Befehle ausgeführt hat und sich diesen nach den damals gültigen deutschen Wehrmachtsgesetzen nicht entziehen konnte
> 3) damit ihm Gelegenheit geboten sei zu beweisen, daß er als brauchbares Mitglied der menschlichen Gesellschaft sich in diese einzuordnen gewillt ist.
>
> Indem ich mich nochmals der Gnade des Herrn Staatspräsidenten empfehle.
>
> Zeichnend
>
> Amon Göth
> [Stempel]

Transkription des Gnadengesuchs von Amon Göth in Abb. 20

Pemper bewahrte auch die Briefe von und an Oskar Schindler, Izak Stern und Leopold Pfefferberg auf. Ebenfalls die Einladung von Steven Spielberg vom 7. Mai 1993. Er filme gerade *Schindlers Liste* in Kraków, »based on the novel by Thomas Keneally«. Weiter heißt es in diesem Serienbrief: »I will be traveling to Israel with my crew to film an epilogue scene at Oskar Schindler's grave site. I would be deeply honored if you would appear in the scene and allow me to include your important face in the film.«[101]

Im März 1993, zwei Monate vor dieser Einladung, hatte Pemper eine Woche bei den Dreharbeiten in Kraków zugebracht und große Teile seiner Privatunterlagen zu Płaszów und Brünnlitz mitgebracht. Das Foto von Spielberg und Pemper ist mit folgenden Worten signiert: »Thank you Mietek for all of your generous help on Schindler's List. Thank G-d for your survival. Steven Spielberg.«[102] Ist aus dieser Bemerkung zu schließen, dass Mietek Pemper Spielberg beraten hat, wie es später in der Presse mehrfach behauptet wurde?[103] War Pemper für Spielberg etwa das »important face«, d. h. der wichtige Zeitzeuge, wie es im Einladungsschreiben vom 7. Mai 1993 nach Jerusalem heißt, um dort den letzten Teil des Films zu drehen? Es gibt keinerlei Hinweise, dass sich Spielberg oder einer seiner vielen Mitarbeiter vor oder im Laufe ihrer ausgedehnten Vorarbeiten zum Film an Mietek Pemper um Hilfe gewandt hätten. Als sich Pemper und Spielberg in Kraków trafen, haben sie selbstverständlich miteinander gesprochen. Doch zu diesem Zeitpunkt waren die Vorarbeiten längst abgeschlossen: Das Drehbuch war fertig; das Storyboard erstellt;[104] die Genehmigungen für die Außenaufnahmen in Polen eingeholt; die Anzahl der Sprechrollen festgelegt, die Schauspieler ausgewählt; die Einstellungen der Szenen abgesprochen.

Spielberg hat ein würdevolles Portrait des widerspruchsvollen, ambivalenten, letztlich jedoch großherzigen und mutigen Mannes geschaffen, dem nicht nur Pemper, sein Bruder Stefan und seine Eltern Regina und Jakob Pemper ihr Leben verdankten. Schindlers Rettungstat war der krönende Abschluss jahrelanger Vorarbeiten und vorausschauenden Handelns, deren tatsächlichen Erfolg bis zuletzt niemand wirklich hatte voraussagen

Abb. 21: Steven Spielberg im Gespräch mit Mietek Pemper während der Dreharbeiten von *Schindler's List* im Frühjahr 1993

können. Für Pemper gebührte Oskar Schindler uneingeschränkt die Ehre, die Rettung von mehr als 1000 Menschen über Monate bis zum Kriegsende durchgestanden zu haben. Spielberg hat mit seinem Film dieser Vorstellung entsprochen, und darum hat Pemper den Eindruck seiner einzigen Begegnung mit Spielberg, dem »Großmeister des Films«, später nur in anerkennende Worte gekleidet. Von dem fertigen Film war er zutiefst beeindruckt, obwohl er nach seiner Rückkehr aus Kraków Freunden in Augsburg gegenüber Zweifel erhoben hatte, ob ein dermaßen bedeutender Film überhaupt Erfolg haben würde.[105] Bei der Oskar-Verleihung im März 1994 in Los Angeles bedankte sich Steven Spielberg bei dem im Publikum anwesenden Leopold Pfefferberg als seinem »consultant«. Mietek Pemper erwähnte er mit keinem Wort. Auch im Abspann des Films sucht man Pempers Namen vergeblich.

Allein in dem großen Büro mit den gegeneinandergestellten Schreibtischen öffnete ich eines der Fenster und hörte in den lebhafter werdenden Abend hinein. Die Straßen der Altstadt um Pempers Bürogebäude sind schmal. Autoverkehr gibt es dort fast keinen. Stattdessen sind jeden Abend nachtschwärmende Fußgänger unterwegs. Nach etwa einer halben Stunde, der Tee war inzwischen abgekühlt, kam Mietek Pemper aus seinem Privatbüro und hielt mir aufgeregt einen Packen Papier entgegen. Dabei sagte er unvermittelt: »Schauen Sie, das habe ich damals an Thomas Keneally geschickt. Einiges hat er korrigiert, doch die meisten meiner Anmerkungen und Vorschläge ... Nein, ich bin enttäuscht.«[106] Bevor ich recht wusste, worum es sich bei diesem Konvolut überhaupt handelte, erzählte Pemper nun erstmals ausführlicher von dem Besuch des australischen Autors im Herbst 1981 in Augsburg. Poldek Pfefferberg sei auch dabei gewesen. »Ich habe Keneally erst einmal nach Dachau mitgenommen, damit er wenigstens einen gewissen optischen Eindruck gewinnen kann, wie so ein Konzentrationslager überhaupt aussah.«[107] Dann fuhr er ärgerlich fort: »Das Buch ist ein Roman geworden, in dem sich alle möglichen Leute in Israel und in den USA haben verewigen wollen. Sie haben Märchen erzählt, die zum Teil gar nicht nachprüfbar sind – zum Teil widersprüchlich, zum Teil überzogen.« Er sei unsäglich »enttäuscht über die Ungenauigkeiten und Disproportionen« des Buches.[108] Schon 1993 hatte er in einem Interview mit Urs Jenny seiner Unzufriedenheit Ausdruck verliehen. Das Buch sei einfach zu »romanhaft« geworden und in Details zu ungenau. Böswillige Leute könnten daraus folgern, »das Ganze sei ein Lügenwerk«.[109]

Pemper wollte mir jetzt unbedingt die genaueren Gründe seines neuaufgekommenen Unmuts mitteilen. Seine vorherige Erschöpfung schien wie verflogen. Doch nun war ich nicht mehr recht bei der Sache, denn in wenigen Stunden ging mein

Flieger zurück in die USA. Darum bat ich Pemper, mir eine Kopie seiner Unterlagen zu Keneallys Roman mitzugeben. Bevor wir uns verabschiedeten, erwähnte er – noch immer aufgebracht –, Keneally sei bei den Dreharbeiten in Kraków noch nicht mal auf ihn zugekommen. Er hätte nur so seltsam zu ihm rüber geguckt und dann wieder weggeschaut. Nicht einmal ihm die Hand zu geben oder ihn zu begrüßen, sei Keneally in den Sinn gekommen. Pempers Empörung saß tief. Doch jetzt musste ich mich verabschieden und zurück ins Hotel. In Gedanken war ich bereits auf dem Weg zum Flughafen. Leider habe ich damals, und auch später, nicht bei Pemper nachgefragt, wie es 1981 zu dem Treffen zwischen Keneally, Pfefferberg und ihm überhaupt gekommen sei. Wer hatte dem australischen Autor vorgeschlagen, das fertige Manuskript Pemper zur Durchsicht zu überlassen? Und warum so spät? Gab es vordem etwa keinen Kontakt zwischen Keneally und Pemper? Im Pempers Nachlass gibt es dazu keine weiteren Hinweise. Meine diesbezügliche Anfrage an Thomas Keneally über dessen Verlag in Australien blieb unbeantwortet.[110]

Nach mehr als fünf Monaten in Europa erwarteten mich in Reno die üblichen Lehrveranstaltungen und die Vorbereitungen für eine Ausstellung über Anne Frank. Die Unterlagen zu Keneally legte ich darum erst einmal zur Seite. Bei unseren nunmehr weniger häufigen Telefonaten ging es fast ausschließlich um die Verbreitung der Autobiographie. »Was können wir, was können Sie für das Buch tun?«, war fast immer Pempers erste Frage. Ich erzählte von einigen Vorträgen über das Buch in den USA, von einer Konferenz in Israel und einem Vortrag in Berlin. Er wiederum berichtete über weitere Vorträge in Schulen und an Universitäten. Irgendwann fiel mir auf, dass Pempers Interesse an dem Buch abnahm, seine Fragen schließlich ausblieben und er desorientiert wirkte. Auch schien seine Erinnerungsfähigkeit nachzulassen. Dieser Eindruck bestätigte sich bei meinem letzten Besuch in Augsburg im Frühjahr 2009. Kurz danach zog Pemper in ein Pflegeheim. Mietek Pemper starb am 7. Juni 2011. Derweil blieb die Sache mit den Unterlagen zu Keneallys Roman unbearbeitet liegen. Erst anlässlich der Neuausgabe der Autobiographie im Frühjahr 2018 nahm ich den Faden wieder auf.

Zunächst verglich ich die englischsprachige Ausgabe von *Schindler's List* aus dem Jahr 1982 mit der deutschen Erstausgabe von 1983. Ursprünglich hatte sich Thomas Keneally im Vorwort bei drei Płaszów-Überlebenden für die Durchsicht des Manuskripts und die Änderungsvorschläge bedankt. Sie hätten zur Genauigkeit des Buches beigetragen. So heißt es: »I would like to thank first three Schindler survivors – Leopold Pfefferberg, Justice Moshe Bejski of the Israeli Supreme Court, and Mieczyslaw Pemper, who not only passed on their memories of Oskar to the author and gave him certain documents which have contributed to the accuracy of the narrative, but also read the early draft of the book and suggested corrections.«[111] Doch im Vorwort der deutschsprachigen Ausgabe des Romans bedankt sich Keneally nur noch bei zwei Überlebenden, denn inzwischen hatte Mietek Pemper über seinen Anwalt verfügt, in Deutschland im Vorwort nicht mehr namentlich genannt werden zu dürfen.

In den 1970er Jahren war Mietek Pemper bei Juden in den USA auf Unverständnis gestoßen, wenn er Gutes über Oskar Schindler erzählte. Warum also hatte er sich 1983 von einem Buch über den verehrten Herrn Direktor distanziert? Die Antwort findet sich auf den 22 enggetippten Seiten, die Pemper mir

23. Januar 1982

Dear Mr. Keneally,

anbei übersende ich Anmerkungen und Korrekturvorschläge Teil I. In den nächsten Tagen folgen die Bemerkungen Teil II für die 2. Buchhälfte. Es ist mir leider nicht möglich gewesen, alles früher fertigzustellen, weil ich aus mehreren Gründen gerade jetzt besonders stark beruflich beansprucht bin. Außerdem wollte ich eine gewisse Distanz zu dem Text gewinnen, einige Details in anerkannten Fachbüchern (z. B. Kogon »Der SS-Staat«) nachprüfen usw. Eine Unterteilung in wichtigere und weniger wichtige Korrekturen habe ich absichtlich nicht vorgenommen. Ihr Buch ist eine Art Dokumentarbericht, weil Fakten, Namen, Daten usw. exakt angegeben und nicht fiktiv zusammengestellt werden. Deshalb ist eigentlich jeder Korrektur wichtig (wie ich privat meine). Auch wenn es so aussieht, daß es sehr viele Änderungen gibt, kann man, so hoffe ich, die Änderungen relativ schnell und schmerzlos durchführen – oft genügt die Streichung eines Wortes, Berichtigung eines Namens usw. Sicher werden Sie viele Entscheidungen treffen müssen, ob man überhaupt die eine oder andere Korrektur anerkennt. So kann ich Sie z. B. nicht daran hindern, wenn Sie bei Amon als gebräuchlichen Kosenamen von Göth bleiben. Ich kann nur sagen, daß ich niemals diesen Namen gehört habe und daß er sich selbst z. B. in Briefen an den Vater als Mony bezeichnet und so unterschreibt. [...]

Abb. 22: Transkription von Mietek Pempers 22-seitigem Brief vom 23. Januar 1982 an Thomas Keneally mit 214 Änderungsvorschlägen zu dessen Romanmanuskript *Oskar!*

im November 2005 mit auf den Weg gegeben hatte. Es handelt sich um zwei Briefe an Thomas Keneally und um Pempers Anmerkungen, nachdem er das englischsprachige Typoskript mit dem Titel *Oskar! A Study of a Rescuer and the Rescued*[112] von Ende 1981 bis März 1982 genau gelesen und mit 214 Korrekturen und Änderungsvorschlägen versehen hatte.[113]

Ein Vergleich zwischen Manuskript und publiziertem Buch[114] zeigt ziemlich genau, welche der Vorschläge Thomas Keneally in seine endgültige Textfassung übernommen hat und welche nicht. Pemper hatte u. a. unzählige Mal auf die falsche Rechtschreibung von Eigennamen hingewiesen und SS-Dienstgradbezeichnungen korrigiert.[115] Energisch widerspricht er Keneally, je der »Sekretär« von Göth gewesen zu sein. »Eine solche Bezeichnung hat es auch nie gegeben [...]. Ich war Schreiber, Stenograph, Dolmetscher [...]. Nach außen sah es allerdings so aus, als wäre ich der Sekretär Göths.«[116] Zudem sei er in Brünnlitz niemals der »Privatsekretär« von Oskar Schindler gewesen.[117] Ferner widerspricht Pemper Keneallys Formulierung, Amon Göth hätte sich je bei einem Häftling »for his honest work« bedankt. So ein konzilianter Ton und eine derart zuvorkommende »Vorgehensweise wären völlig undenkbar gewesen! [...] Praktisch wurde nur geschrien, befohlen, geschimpft.«[118] Grundsätzlich habe Keneally in seinem Roman die Todesopferzahlen und Grausamkeiten verharmlost, da er seine Interviews wohl ausschließlich mit »Prominenten« des Lagers geführt habe, also hauptsächlich »mit denjenigen Menschen« die »besondere Privilegien genießen durften«. Für die Leser entstünde dadurch der Eindruck, in einem KZ sei es doch gar nicht so schlimm gewesen.[119]

Bei dem, was Keneally über die Mitglieder der Jüdischen Gemeinde von Kraków schreibt, fordert Pemper »dringend« – wobei er das Wort in Großbuchstaben tippt – eine grundsätzliche Korrektur. Immerhin hatte Pemper für mehrere Jahre als Behördenkorrespondent gearbeitet und wusste, unter welch schwierigen Bedingungen die jüdischen Führungskräfte nach 1939 hatten agieren müssen. Seit der Okkupation mehr oder weniger ihrer Autonomie beraubt, waren sie gezwungen, mit den Nazis zusammenzuarbeiten. Trotzdem könne man diesen Führungskräften nicht undifferenziert Kollaboration vorwerfen. Denn Kollaboration bedeute, dass alle Mitglieder der Gemeinde die Ideologie der Nazis, ihren Antisemitismus, ihren Rassismus geteilt hätten.[120] Vielmehr seien viele aufgrund ihres Widerstandes ins Vernichtungslager Bełżec verschleppt und dort umgebracht worden.[121] So schreibt Pemper:

> Ich bin weiß Gott kein Verteidiger der Judenräte. Leider gibt es aber, zumindest seit der These von Hannah Arendt nach dem Eichmann-Prozess, wonach die Juden selbst bei der Vernichtung mitgewirkt haben und die SS niemals so viele Juden hätten umbringen können, wenn die Juden eben nicht mitgeholfen hätten – so viel Dynamit auf diesem Gebiet [...], dass ich sehr darum bitten möchte, lieber das Problem auszuklammern, als es kurz, und deshalb ungenau darzustellen. Gerade im Falle Krakau sieht man doch, dass wir alles getan haben, um so viele Menschen wie möglich zu retten, und dass kluge und mutige Männer – allen voran der unvergessene Itzhak Stern s. A. – es verstanden haben, Männer wie Schindler zu inspirieren, damit viel Gutes getan werden kann. Die Jüdische Gemeinde Krakau kann auch nicht einem Judenrat gleichgestellt werden, der erst im Kriege auf SS-Befehl gegründet wurde. Honorige Männer, auf die das Judentum von Krakau stolz sein kann, waren Judenräte in Krakau gewesen. [...] Ab Sommer 1942 gab es nur noch einen kommissarischen Leiter der Jüdischen Gemeinde in der Person von David Gutter, einem ehemals in München ansässig gewesenen

Juden, der mit der SS kollaboriert hat, während man diesen Vorwurf den Herren Marek Biberstein, Dr. Wilhelm Goldblatt, Ferdinand Schenker, Dr. Artur Rosenzweig auch im entferntesten nicht machen kann.[122]

Ebenso entschieden widerspricht Pemper Keneallys Aussage, das im Ghetto und im Zwangsarbeitslager erwirtschaftete Geld sei an das »SS-WVHA« nach Berlin-Oranienburg abgeführt worden. Vielmehr hätten das Ghetto und selbst noch das ZAL bis Januar 1944 den SS- und Polizeibehörden von Kraków unterstanden. Erst als KZ befand sich Płaszów unter der Ägide des Amtes D II in Berlin. Da Pemper von Frühjahr 1943 bis Herbst 1944 einen Großteil der Lagerkorrespondenz hatte tippen müssen, wusste niemand besser als er, an wen Briefe und Fernschreiben gerichtet und an welche Dienststellen Überweisungen getätigt worden waren. Ferner müsse hervorgehoben werden, dass in Płaszów – da aus einem jüdischen Ghetto entstanden – im Gegensatz zu Lagern wie Buchenwald, Dachau oder Mauthausen überproportional viele Familienverbände inhaftiert gewesen seien.[123] Nur so sei das von Keneally zu Recht beschriebene Familienleben der Rosners, der Dresners und der Horowitz' überhaupt erklärbar. Auch die heimliche Hochzeit von Jósef und Rebeka Bau nach jüdischem Ritus wäre in einem anderen Lager kaum möglich gewesen.[124]

Doch Pemper muss Keneally selbst bei Nebensächlichkeiten korrigieren: Göth habe seine Privatpost mit »Mony« unterschrieben und nie mit »Amon«. Auch sei er kein »Obersturmführer« gewesen, sondern anfangs SS-Untersturmführer, später dann sofort SS-Hauptsturmführer. Zudem sei schwer vorstellbar, dass irgendjemand im Lager es gewagt hätte, von Heinrich Himmler als dem »Heinie« zu sprechen. Göth und Schindler seien auch keine Duzfreunde gewesen. Selbst Pemper hat den verehrten Herrn Direktor auch nach dem Krieg nie mit Oskar angeredet; eine im anglo-amerikanischen Alltag durchaus übliche »Vertraulichkeit kam nicht einmal in unseren Gesprächen im kleinen Kreis auf«.[125] Darum schlägt Pemper am 23. Januar 1982 dem australischen Autor vor, den Buchtitel »*Oskar*« wenigstens in »*Schindler*« umzuändern.[126]

Besonders eindringlich missbilligt Pemper Keneallys Darstellung der fehlgeschlagenen Flucht des jüdischen Lagerältesten Wilek Chilowicz am 13. August 1944. Chilowicz, als Mitglied der Ordnungspolizei, wusste bestens Bescheid über Göths ausgedehnte Schwarzmarktgeschäfte und hatte dabei auch sich selbst enorm bereichern können.[127] Hätte Göth diesen jüdischen Ordnungspolizisten damals nicht erschießen lassen, wäre ihm nach dem Krieg höchstwahrscheinlich der Prozess gemacht worden.

Am Fluchtmorgen, einem Sonntag, hätte Göth – so in Keneallys Manuskript zu lesen – Pemper beschuldigt, am Fluchtversuch beteiligt gewesen zu sein. Pemper habe daraufhin – erneut Keneally zufolge – Göth seine aufgerissene Hosennaht gezeigt, wodurch er außerhalb des Lagers als Flüchtling aufgefallen wäre.[128] In Anmerkung Nr. 168 verlangt Pemper ausdrücklich eine Korrektur dieser Darstellung. Nicht Göth habe ihn des Fluchtversuchs beschuldigt, sondern der ihm nicht wohlgesinnte Chilowicz. Er und die anderen jüdischen OD-Männer mit ihren maßgeschneiderten Anzügen wären außerhalb des Lagers unerkannt geblieben, doch Pemper mit seiner gestreiften Häftlingsuniform wäre sofort aufgefallen und für eine Belohnung eingefangen worden – eine aufgeschlitzte Hosennaht hin oder her. Dass Keneally diese Korrektur in der endgültigen Textfassung nicht vorgenommen hat,[129] empfand Pemper bis an sein Lebensende als tiefe Kränkung. Denn Privilegien jeder Art hatte er entschieden abgelehnt. Auch wollte er sich unter keinen Umständen mit der Lagerpolizei gemein machen, denn so hätte er erpressbar werden können.

Thomas Keneallys Manuskript *Oskar!*

His German secretary, Fraulein Grabow, was too slow for such late work and so the Commandant had Mietek Pemper, his young Jewish secretary, roused from his barracks and brought to the villa. In the front parlour, as if to clear Pemper for the job, Amon stated in a level voice that he believed the boy was party to Chilowicz' escape attempt. Looking around him for some sort of inspiration, he saw the seam of his pants leg, which had come unsewn. How would I pass on the outside in this sort of clothing? He asked the Commandant. The balance of frank desperation in his answer satisfied Amon.

Pempers Kommentar

Essential war nicht der Fakt, dass meine Hose zufällig seitlich aufgerissen war, sondern dass es eine STREIFEN-HOSE war, also KL-Kleidung. Ich sagte Göth, der beste Beweis, dass ich nicht flüchten wollte/konnte ist, dass ich nicht einmal die Zivilkleidung habe, wie sie Chilowicz und andere hatten und in Streifenkleidung zu flüchten wäre doch Selbstmord. Chilowicz konnte nur sagen, dass ich auch flüchten wollte wie er, weil er mir nicht vergessen konnte, dass ich es abgelehnt habe, eine OD-Uniform zu tragen, wie er mir brutal aufzwingen wollte. Zum Schluss erst habe ich gesagt, dass mein Anzug nicht nur ein KL-Anzug sei. Sondern nicht einmal perfekt, weil die Hose seitlich aufgerissen sei. Ich glaube, dass Göth dabei sogar ein bisschen geschmunzelt hatte.

Text des publizierten Romans *Schindler's List*

Frau Kochmann was too slow for such late work and so the commandant had Mietek Pemper roused from his barracks and brought to the villa. In the front parlour, Amon stated in a level voice that he believed the young man was party to Chilowicz's escape attempt. Pemper was astounded and did not know how to answer. Looking around him for some sort of inspiration, he saw the seam of his trouser leg, which had come unsewn. How could I pass on the outside in this sort of clothing? He asked.

Deutsche Übersetzung des Romans

Da seine deutsche Schreibkraft nicht verfügbar war, ließ er Pemper holen. Als dieser eintraf, beschuldigte Göth ihn rundheraus, an dem Ausbruchsversuch beteiligt gewesen zu sein. Pemper war verblüfft und wusste darauf nichts zu antworten. Er blickte an sich herunter, sah sein aufgeschlitztes Hosenbein und fragte bloß: ›Wie hätte ich denn draußen in diesem Fetzen überleben sollen?‹

Abb. 23: Zu Mietek Pempers vergeblichem Versuch einer für ihn äußerst wichtigen Richtigstellung in Thomas Keneallys Roman

Seit Monaten hatte er dem Druck des Jüdischen Lagerleiters Chilowicz getrotzt, die Streifenkleidung für eine bessere Zivilkleidung zu tauschen. Daher habe Pemper »1946 auch keinerlei Hemmungen und Probleme« gehabt, »als Zeuge beim Prozess gegen Göth aufzutreten«. Andere, die die besseren OD-Uniformen im Lager getragen hatten, »rieten mir damals, nicht gegen Göth auszusagen. Auch Izak Stern riet mir ab. Doch ich wusste, ich hatte mich nicht beschmutzt. Ich konnte den Eid vor Gericht schwören, und Göth konnte wahrheitsgemäß nichts vorbringen, das mich kompromittiert hätte.«[130]

Was war eigentlich um 1980 über Płaszów, Göth und Schindler bekannt? Wer – außer den unmittelbar Betroffenen – verband diese Namen einerseits mit einem KZ und einem Kommandanten, andererseits mit einem Lebensretter? In der monumentalen Arbeit von Raul Hilberg *The Destruction of the European Jews*[131] von 1961 gibt es weder Hinweise auf Płaszów noch auf Amon Göth. In dem 1953 publizierten Buch von Gerald Reitlinger *The Final Solution – The Attempt to Exterminate the Jews of Europe 1939–1945* finden sich lediglich vier kurze Hinweise auf diese Namen.[132] In *Die unbesungenen Helden. Menschen in Deutschlands dunklen Tagen* (1957) von Kurt R. Grossmann gibt es einen Bericht über Oskar Schindler basierend auf Akten des *American Jewish Joint Distribution Committee*.[133] Dabei kommt auch Schindler zu Wort und beschreibt seine Rettungsaktionen in Kraków und in Brünnlitz.[134] Und in den 1963 vom Institut für Zeitgeschichte in München publizierten Aufzeichnungen des Lagerkommandanten von Auschwitz liest man, bei dessen Auslieferung an Polen im Sommer 1946 habe sich am Bahnhof in

Kraków eine aufgebrachte Menschenmenge zusammengetan. Doch die Beschimpfungen galten nicht Rudolf Höß, sondern dem gleichfalls ausgelieferten Amon Göth, den aufgrund seiner 1,93 Meter sofort alle erkannt hatten.[135] In der entsprechenden Fußnote heißt es dann, Göth sei der »Leiter des Judenlagers Płaszów b. Krakau« gewesen.[136] Auch diese verharmlosende Formulierung beweist, dass unter Historikern in den 1960er Jahren im Westen Europas kaum Genaueres über das KZ Płaszów, Amon Göth und dessen Prozess bekannt war.

Anerkennend ist darum festzustellen: Im Jahr 1980 hat ein australischer, nichtjüdischer Schriftsteller erstmals mit Recherchen begonnen, um über den ungewöhnlichen Lebensretter Oskar Schindler ein Buch zu schreiben.[137] Dabei konnte er sich weder auf das detaillierte Erinnerungsbuch von Stella Müller-Madej beziehen, noch hatte er Zugang zu den erst 1999 entdeckten Unterlagen aus Schindlers Koffer. Vielmehr hat er auf das beharrliche Drängen des Überlebenden Leopold Pfefferberg hin ausführliche Interviews mit circa 50 Płaszów-Überlebenden geführt. Er hat individuelle Eindrücke bekommen, Informationen gesammelt, Archivmaterialien eingesehen und gewisse Information aus den Prozessakten von Amon Göth ausgewertet.[138] Und das zu einer Zeit, als der Name des Zwangsarbeitslagers und späteren KZs Płaszów auf einschlägigen Karten nicht verzeichnet war, und es über dessen Kommandant so gut wie keine verlässlichen Informationen gab.[139] Aus den ihm als »true stories« mitgeteilten Erinnerungen einiger Überlebender hat der Schriftsteller Keneally fiktive Handlungsabfolgen erfunden. Dabei hat er sich für das Genre des Romans entschieden, weil ihm dieses »für die Behandlung eines so widersprüchlichen und überragenden Charakters, wie Schindler einer war«, als am besten geeignet erschien. Das »Talent des Schriftstellers« sei nun mal das einzige, über das er verfüge.[140] Was ihn darum wohl vor allem interessierte, war das Charakterbild eines Lebensretters. Ein historischer Bericht über ein Lager war von geringerer Bedeutung für ihn.

Was aber bedeutete es für Mietek Pemper, in den Wintermonaten 1981/82 das fertige Manuskript »*Oskar!*« zu lesen? Über Jahre hatten er, sein Bruder Stefan, seine Eltern Regina und Jakob im Kreis anderer Überlebender über ihre traumatischen Erfahrungen gesprochen. Dabei brauchte es wenige Worte. Erwähnte einer von ihnen Hunger, Folter, Appellstehen, Latrinen oder fehlende Hygiene, wussten die anderen sofort Bescheid. Bei solchen und ähnlichen Anlässen sprach man dann bewusst Polnisch, damit die eigenen Kinder, Nichten oder Enkel so wenig wie möglich mitbekamen. Denn die wollte man möglichst schonen. Zwar hatten sich die Schindler-Juden über Jahre mittels Geldspenden, Empfehlungsschreiben und Einladungen für das Wohl ihres verehrten Retters eingesetzt. Trotzdem verstarb Oskar Schindler zurückgezogen, verarmt und wenig beachtet am 9. Oktober 1974 in Hildesheim.

Und nun hatte ausgerechnet ein australischer Schriftsteller sich der Thematik angenommen und einen Roman geschrieben. Als Bruno Apitz seinen Roman *Nackt unter Wölfen* über ein gerettetes Kind im KZ Buchenwald 1958 beim Mitteldeutschen Verlag in Halle veröffentlichte, war Historikern und weiten Teilen der Öffentlichkeit das 1946 erschienene Buch *Der SS-Staat* von Eugen Kogon, dem Buchenwald-Überlebenden, bereits bekannt.[141] Auch Pemper kannte das Buch sehr genau. Und bevor das Stück *Die Ermittlung* von Peter Weiss am 19. Oktober 1965 im Rahmen einer Ring-Uraufführung an fünfzehn west- und ostdeutschen Theatern gleichzeitig uraufgeführt worden war, kannten große Teile der Bevölkerung die Namen Auschwitz und Birkenau.[142] Mit Płaszów war das anders. Nicht dass sich Mietek Pemper kein anerkennendes Portrait des ihm verehrten Oskar

Schindler gewünscht hätte. Doch in Anbetracht der um 1980 historisch völlig unzureichend aufgearbeiteten Quellenlage um das Lager Płaszów ging es Pemper vornehmlich um die historische Wahrheit. Jede »Kleinigkeit« müsse stimmen, betonte er häufig; jede Ungenauigkeit stelle die »Glaubwürdigkeit des Ganzen« in Frage.[143] Und an diesem Punkt kollidierten die Interessen eines Schriftstellers mit denen eines an historischer Wahrheit interessierten Überlebenden. Keneally ging es weniger um eine genaue Recherche als um die künstlerische Auseinandersetzung mit einem außergewöhnlichen Thema. Pemper verstand den Unterschied zwischen »fact« und »fiction«. Trotzdem versucht er – sozusagen fünf Minuten vor zwölf – den Schriftsteller zu gewissen Änderungen an seinem Manuskript zu bewegen. In einer engzeilig getippten, sich fast über eine Seite hinziehenden Anmerkung mit der Nummer 208 beschwört er Keneally geradezu. Er spricht von dem »teuflischen SS-System«, das er und andere damals hatten nutzen wollen, um »die Juden von Krakau dadurch zu retten«, indem »wir alle in KZ-ler verwandelt werden«. Pemper erwähnt in dem Zusammenhang, dass auch Izak und Natan Stern geholfen hätten, bestimmte Unterlagen zu besorgen.[144] Doch das hieß nicht, dass außer Pemper irgendjemand genauer gewusst hätte, welches Gesamtvorhaben er erwog. Pemper hat bei den Werkstattleitern seine Nachforschungen zu technischen Details oft damit begründet, Göth führe gewisse für das Lager wichtige Verhandlungen. Danach habe es keine weiteren Nachfragen mehr gegeben. Im Grunde schuf Pemper die besagten Produktionslisten im Alleingang und war sich dabei des Risikos durchaus bewusst. »Als ohnehin Todgeweihter hatte ich nichts zu verlieren.«[145]

Natürlich sei er »verwundert« gewesen, so Pemper auch in seinem Brief an Keneally vom 1. März 1982, dass Oskar Schindler in seiner Abschiedsrede in Brünnlitz lediglich Izak Stern und ihn namentlich erwähnt hatte. Damals habe er nicht abschätzen können, ob und inwieweit die eigene Tätigkeit wichtig gewesen sei oder nicht. »Selten ist man dabei objektiv.« Im Nachhinein aber sehe er seine damalige »Aktivität vielleicht am wichtigsten in der Phase, die in dem Buch unerwähnt bleibt«.[146] Damit meint er die geschönten Produktionslisten und bittet Keneally unumwunden, den Roman oder wenigstens Teile davon entsprechend umzuschreiben. Natürlich erfordere dies zusätzliche Zeit. Auch müsse dabei, um auf die »großen Zusammenhänge« hinweisen zu können, das »Profil des Buches« geändert werden.

Doch war ein derartiger Vorschlag überhaupt realistisch? Kaum. Denn es ist nun mal das Privileg eines Schriftstellers – bei allem Respekt vor historischen Details –, sich für persönliche Geschichten, für Anekdoten, für eine gute Story zu interessieren. Zudem wird kein Autor, keine Autorin wenige Monate vor Drucklegung grundlegende Änderungen am ursprünglichen Konzept eines Romans vornehmen. Pemper war sich darüber im Klaren und wusste sich darum auf verlorenem Posten. Am 1. März 1982 beendet er seine Kraftanstrengung um das Originalmanuskript mit dem lapidaren Hinweis, Schindler sei nicht in Frankfurt, sondern in Hildesheim gestorben. Nach sage und schreibe 214 kürzeren und längeren Anmerkungen, Kommentaren, Bemerkungen, Korrekturen, Richtigstellungen und Änderungsvorschlägen verabschiedet er sich handschriftlich von Keneally mit »freundlichen Grüßen«,[147] nicht ohne aber schon am 23. Januar 1982 Keneally gebeten zu haben, die »Korrekturvorschläge und auch die Gedanken in diesem Brief« so zu verstehen, wie sie gemeint sind, nämlich »als einen Beitrag zu Ihrem Buch im Sinne der geschichtlichen Wahrheit und der Pietät für die Opfer, die nur gewürdigt werden können, wenn man die volle Wahrheit über Krakau/Plaszow schreibt – ohne schmückendes Beiwerk«.[148]

Am 1. April 1982 teilt Thomas Keneally Mietek Pemper mit, er sei dabei, die »absolutely final«, also die wirklich letzten Korrekturen an *Schindler's List* vorzunehmen und bedankt sich nochmals ausdrücklich für Pempers »invaluable«, d. h. unschätzbare Hilfe beim Schreiben des Buches.[149] In wieweit es danach weitere Briefe zwischen Deutschland und Australien gegeben hat, ist nicht bekannt.

Die Korrekturen von Eigennamen und Dienstgradbeschreibungen hat Keneally mehr oder weniger vorgenommen. Vor allem hat er – Mietek Pemper sei Dank! – den Romantitel neu gefasst. Doch viele der grundsätzlichen Änderungsvorschläge hat Keneally nicht umgesetzt. Das Buch erschien am 18. Oktober 1982 in London und erhielt den wichtigsten britischen Literaturpreis, den *Man Booker Prize for Fiction*. Kurz darauf sicherte sich Steven Spielberg die Filmrechte. Der Roman wurde in mehrere Sprachen übersetzt, in Deutschland allerdings nach einigen Jahren aufgrund mangelnden Interesses eingestampft. Pemper hat sich später – abgesehen von eher beiläufigen Bemerkungen – zu Keneally und dessen Buch kaum noch geäußert. Die 22 DIN-A4-Blätter mit seinen Korrekturen und Kommentaren verschwanden – sorgfältig abgeheftet – in einem Ordner in Pempers Privatbüro in Augsburg. Das Thema war für ihn abgeschlossen.

Trotzdem hat Pemper am 28. Januar 1983 dem späteren Academy-Award-Filmemacher Jon Blair in London noch ein Interview gegeben.[150] Blair, der kein Deutsch spricht, hatte sich im Vorfeld aufgrund der knappen – und teils ungenauen und falschen – Angaben aus dem Roman über Pemper informiert und entsprechende Fragen auf Englisch formuliert. Da zudem das Interview mehrfach unterbrochen wurde, konnte Blair im Gespräch nicht auf das eingehen, was Pemper ihm wirklich sagen wollte. Das Interview wurde zu einem für beide Seiten unbefriedigenden Desaster,[151] und Blair baute es auch nicht in seine

```
                                        P.O. Box 237,
                                        AVALON BEACH, 2107,
                                        N.S.W., Australia.
                                        1st April, 1982.

Herr Mietek Pemper,
89 Augsburg 11,
Postfach   11 17 23,
WEST GERMANY.

Dear Herr Pemper,
     I am now working on the absolutely final corrections of
Schindler's List. Let me assure you that all reference to
Heinz Dresler has been deleted from the text and so has all
reference to yourself as "secretary". I have made doubly
certain on this latter issue. Schindler, in his farewell
speech named you as one of the heroes of the survival of
the Schindlerjuden. I am very anxious that you should
emerge from the book in those terms.

-------------------------------------------------------------

     Again my sincerest thanks for your invaluable help
with the writing of the book. Please accept my kindest
regards, and my regrets for any trouble you take with
this matter of great urgency.

                                   Yours sincerely,

                                   Tom Keneally
                                   Tom Keneally
```

Abb. 24: Ausschnitt aus dem Brief von Thomas Keneally an Mietek Pemper vom 1. April 1982

Dokumentation *Schindler* ein. Blair schrieb mir dazu am 15. November 2019 in einer E-Mail: »I did interview Mietek when I was making my film and I now regret that the interview itself was not more successful with the result that I ended up not using him in the final cut. I definitely acknowledge that I did not really fully understand at that time just how important he was to the story.«[152]

Am 7. Dezember 1993 war die Uraufführung von *Schindler's List* in den USA. Im März 1994 kam der Film in die deutschen Kinos. Seitdem hat Mietek Pemper hunderte von Vorträgen gehalten – oft auch im Anschluss an eine Filmvorführung. Dabei behauptete er gerne schelmisch, von Filmen eigentlich gar nichts zu verstehen und außer *Schindlers Liste* lediglich *Doktor Schiwago* gesehen zu haben. Doch schon bei den Dreharbeiten in Kraków war Pemper Spielbergs besondere Technik aufgefallen. In Schwarzweiß aufgenommen, konnten Ausschnitte aus alten Wochenschauen in den fertigen Film eingebaut werden. Pemper schätzte das. Auch gefiel ihm, dass Spielberg weitgehend an Originalschauplätzen drehte. Historisch exakt waren auch die nachgebauten Inneneinrichtungen – egal ob es sich um großbürgerlich-opulente Wohnungen oder um ärmliche Behausungen im Ghetto handelte. Beim Dreh vieler Szenen benutzte Spielberg bevorzugt Handkameras, um mittels leicht verwackelter Bilder die damaligen Ängste der Menschen einfangen zu können. Aus ähnlichen Gründen drehte Spielberg Außenaufnahmen lieber bei trübem Winterlicht statt mit künstlicher Beleuchtung. Für Pemper war besonders wichtig, dass sich mit den Filmprotagonisten Göth und Schindler zwei gleichaltrige Männer aus ähnlich kleinbürgerlichem Milieu gegenüberstanden: der eine zynisch, berechnend, brutal und hedonistisch auf den eigenen Vorteil bedacht; der andere anfangs ambivalent handelnd, dann jedoch warmherzig, mutig, klug taktierend, empathisch und sein Vermögen für andere einsetzend. In seinen Vor-

Abb. 25: Ehemaliges jüdisches Viertel in Kraków (2001)

trägen hat Pemper den Lagerkommandanten immer wieder als jemanden beschrieben, mit dem er hatte zusammenarbeiten müssen. Hingegen blieb Oskar Schindler für ihn stets der »Mentsch«,[153] mit dem er zusammenarbeiten durfte.

In Spielbergs Film erscheint der historische Lagerschreiber Pemper nur mit einem einzigen Satz. Dabei tritt ein junger Schauspieler frontal in den Fokus der Kamera und sagt mit leicht nach unten gesenktem Kopf: »My name is Mietek Pemper.« Die Szene ist dermaßen belanglos, dass sie mir bei meiner ersten Filmvorführung im Dezember 1993 in New York gar nicht aufgefallen war. Später fragte ich Pemper nach seiner Reaktion auf diese fünf Worte. Empfand er sie als eine – wenn auch winzige – Verbeugung des Filmemachers, nachdem sich die beiden in Kraków am Rande der Dreharbeiten erstmals mit Hilfe eines Dolmetschers hatten austauschen können, und Spielberg vielleicht erst dann realisiert haben mag, wer mit

Mietek Pemper vor ihm stand? Oder fühlte sich Pemper durch diesen lapidaren Satz zusätzlich marginalisiert?

Pemper hat sich weder in persönlichen Gesprächen und erst recht nicht in seinen öffentlichen Vorträgen zu dem einen Satz in *Schindlers Liste* geäußert. Vielmehr wiederholte er fast gebetsmühlenartig, der »Großmeister Spielberg« habe »fokussieren« müssen. Darum sei aus Izak Stern und Mietek Pemper die »Kunstfigur Stern« entstanden, die im Film mal als Schindlers rechte Hand im etwa fünf Kilometer entfernten Außenlager in der Lipowa-Straße unterwegs ist, dann wieder im Hauptlager Płaszów diverse Büroarbeiten und Botengänge für Göth erledigt. Pemper hat oft betont, dass er sich als Schreiber des Kommandanten innerhalb von Płaszów zwar frei hatte bewegen können, nie aber hätte er sich – einfach mal quer durch die Stadt spazierend – in das Außenlager der »Emalia« zu Schindler begeben können. Am Lagertor von Płaszów, in der Nähe der Kommandantur, hörte selbst für Pemper die Welt auf. Auch der historische Izak Stern hat das Hauptlager nie verlassen. Im Film jedoch bewegt sich die »Kunstfigur Stern« mal im Hauptlager, dann wieder im Außenlager bei Schindler und wäre beinahe in ein drittes Lager abtransportiert worden. Das ist frei erfunden, filmisch jedoch spannungsreich erzählt. Für die Zuschauerinnen und Zuschauer schlägt zudem diese Szene des Abtransports in emotional befreiende Komik um, da die am Verladebahnhof diensthabenden SS-Leute dem couragiert auftretenden Schindler dabei helfen, seinen für die »Rüstungsproduktion« angeblich wichtigen »accountant« aus einem der bereits langsam anfahrenden Güterwaggons zu befreien.[154]

Fiktionalisierung und Verfremdung gehören zum Handwerk eines schöpferischen Geistes und sind Privilegien eines jeden Filmemachers. Das besondere Genie Spielbergs zeigt sich dabei in der anrührenden Szene mit dem bei der Liquidierung des

Ghettos allein umherirrenden Mädchen im roten Mantel. Die Kamera richtet sich ausschließlich auf das Kind, und im O-Ton hören wir einen Mix aus schnellfeuernden Maschinengewehren, Gebrüll einer wild um sich schießenden und dreinschlagenden Soldateska, Angstschreien gejagter Menschen und die raschen Läufe aus der Fuge d-Moll von Johann Sebastian Bach. Wer diese wenigen Filmminuten je gesehen hat, wird sie nie vergessen. Als Zuschauende fiebern wir mit dem Kind und sind erleichtert, als es ein rettendes Versteck findet. Mit der beruhigenden Gewissheit, die unerbittlich zuschlagende Todesmaschinerie habe wenigstens bei einem Kind versagt, sind wir umso fassungsloser, als wenige Szenen später ein rotes Stück Stoff auf der Bahre von Leichenträgern sichtbar wird. Da Spielberg an dieser Stelle den entsetzten Gesichtsausdruck des zufällig ausreitenden Schindler und dessen Freundin einblendet, deutet alles auf die allmähliche Verwandlung eines vormals eigennützig handelnden Geschäftsmannes zum mitfühlenden Lebensretter. Doch das Engagement des historischen Oskar Schindler für jüdische Menschen begann nicht erst 1943. Vielmehr hatte er seit mindestens 1941 jüdische Männer und Frauen aus dem Ghetto systematisch in seiner Fabrik eingestellt, um sie und ihre Familien durch Arbeitsverträge vor der Deportation ins Vernichtungslager Bełżec zu schützen.[155]

Es gibt weitere, historisch zwar fragwürdige, emotional jedoch beeindruckende Filmszenen. Nie wäre es – so Pemper – seitens des Płaszów-Kommandanten zu einer erotischen Annäherung gegenüber einem jüdischen Hausmädchen gekommen.[156] Dazu hatte Göth die faschistischen Rassegesetze zu sehr verinnerlicht. Auch hätten er und Schindler niemals allein durch ein Pokerspiel über das Schicksal der jungen Frau entscheiden können. Zuständig für den Transfer von Häftlingen war grundsätzlich das Amt D II. Doch wie wären derlei bürokratische Abläufe in einem Spielfilm darstellbar? Spielberg entschied sich für die für Zuschauer einleuchtende und filmisch fesselndere Variante: Schindler gewinnt das Pokerspiel und ein Koffer voller Geldscheine wechselt den Besitzer. Mietek Pemper verstand das. Und so erwartete er von Spielberg keine wahrheitsgetreue Dokumentation, sondern eine Kunstform, für deren Inhalte der Filmemacher als Sohn einer Holocaustüberlebenden eine besondere Sensibilität mitbrachte. Das zeigt sich schon innerhalb der ersten Filmszenen. Nach einer Schabbatfeier im Familienkreis ändert sich der Wachsdampf langsam ausbrennender Kerzen zum Rauch aus einer Dampflokomotive, der sich zu dem verflüchtigt, was Paul Celan als das »Grab in den Lüften«[157] beschreibt. Zutiefst beeindruckt war Pemper auch von der Schlussszene des Films, als hunderte Überlebende forschen Schritts über eine Anhöhe kommend sichtbar werden. Dabei wechselt der Film von Schwarzweiß in Farbe und gleichzeitig verlangsamt sich die Gangart der inzwischen gealterten Menschen. Begleitet von den Schauspielern ihrer jeweiligen Filmfiguren legen anschließend einige Überlebende Steine der Erinnerung auf das Grab von Oskar Schindler auf dem katholischen Friedhof in Jerusalem. Untermalt ist die Szene von der Hatikvah-Hymne der Hoffnung. *Schindlers Liste* gewann viele Auszeichnungen – u.a. sieben Oscars für den besten Film, die beste Regie, das beste Drehbuch, den besten Schnitt, die beste Musik.

Kaum drei Wochen nach meinem ersten Treffen mit Mietek Pemper ernannte ihn die Universität Augsburg am 28. Juni 2001 zum akademischen Ehrenbürger.[158] In seiner Ansprache hebt Pemper hervor, das vergangene Jahrhundert sei ein »saeculum horribile« gewesen, wobei das Wort »horribilis« sowohl mit »schrecklich« als auch mit »staunenswert« übersetzt werden könne. Pemper sprach dabei auch über seine leicht verschlüsselte Aufforderung an Oskar Schindler, Teile der bisherigen Emailproduktion auf Granatenteile umzustellen. »Ohne offen zu sagen, dass ich die Unterlagen selbst gelesen hatte, deutete ich [...] an, dass es wohl nicht ausreicht, Emailwaren herzustellen, vielmehr wäre es für die Sicherung der Arbeitsplätze wichtig, auch andere Metallwaren in das Produktionsprogramm aufzunehmen, die für die Rüstung direkt notwendig sind.«[159] Von seinem eigenen Anteil an der Rettung von Menschenleben – den gefälschten Produktionslisten – sagt er nichts. Da mich Pemper zum Ende unseres ersten Gesprächs gebeten hatte, diesen Redetext für ihn zu redigieren, fragte ich ihn natürlich, warum er die Produktionslisten mit keinem Wort erwähne. Er schüttelte nur den Kopf, legte die Stirn in Falten und wiederholte die mir bereits bekannte Aussage, er wolle diese Listen erst finden. Dann sei es an der Zeit, auch öffentlich über sie zu sprechen.

Im Jahr 2005 wurde Pempers endlich veröffentlichte Autobiographie in zahlreichen deutschsprachigen Tages- und Wochenzeitungen, sowie anderen Medien, anerkennend besprochen.[160] Nach der Übersetzung ins Amerikanische erschien im November 2008 auch eine Rezension in der Literaturbeilage der *New York Times*[161] und im *International Herald Tribune* in Paris. Doch nur die *FAZ* vom 25. September 2005 – vor allem als Headline formuliert[162] – verweist auf das Wesentliche von Pempers Autobiographie: den Coup mit den gefälschten Produktionslisten. »Warum ist das so?«, habe ich mich oft gefragt. Stehen Rezensenten etwa unter derart großem Druck? Bleibt ihnen zu wenig Zeit zum aufmerksamen Lesen, um das zu erkennen, was inhaltlich wesentlich ist? Oder hat Pemper selbst noch nach 2005 nicht ausreichend dezidiert auf die eigene Widerstandsleistung hingewiesen?

Ich erinnere mich an einen seiner letzten großen Vorträge in der israelischen Botschaft in Berlin am 4. Juni 2007. Mehr als anderthalb Jahre hatten wir uns nicht gesehen. Pemper schien mir über Gebühr gealtert und hatte wohl auch an Gewicht verloren. Er war inzwischen 87 und sah gebrechlich aus. Bei unserer Begrüßung klang seine Stimme leiser als zuvor. Doch nach der Einführung durch Botschafter Shimon Stein wirkte Pemper wie früher. Wieder einmal sprach er ohne Redenotizen, holte zwar ab und zu, vielleicht absichtlich gespielt umständlich – so eines seiner Rituale – ein Blättchen Papier aus seiner Jackentasche, doch im Grunde brauchte er für seine Vorträge keinerlei Hilfsmittel. Immer sprach er flüssig, blieb sachlich in seinen Ausführungen, wählte seine Worte mit Bedacht und sprach ein einwandfreies Deutsch. Seine Stimme besaß den weich-melodischen Klang wie aus der österreichischen Zwischenkriegszeit.

An diesem Nachmittag sollten Oskar Schindler, posthum, und Mietek Pemper eine Auszeichnung durch die Carnegie Stiftung für Lebensretter erhalten. Und so sprach Pemper natürlich von seinen vielfältigen Kontakten zu Oskar Schindler in Płaszów, in Brünnlitz und später in der Bundesrepublik. Schindler habe die besagten Listen natürlich nicht eigenhändig getippt, betont er. Doch ebenso wenig sei es allein Izak Stern gewesen, der niemals, wie im Film dargestellt, hunderte Vor- und Nachnamen, Lagernummern, Geburtsdaten, Nationalitäten und Lagerbeschäftigungen aus dem Gedächtnis in die Schreibmaschine hätte tippen können. Absolut irrig aber sei die Behauptung des amerikanischen Historikers David M. Crowe, Schindler habe »absolutely nothing« mit den Listen zu tun gehabt. Pemper machte sich sogar ein wenig lustig über Crowe und meinte verschmitzt: »Zum Glück gibt es eine andere amerikanische Historikerin«, – und damit meinte er mich – »die festgestellt hat, dass Crowes vermeintlich verlässliche Quelle für eine derart abstruse Aussage von jemandem stammt, der gar nicht mehr im Lager Płaszów war, als die besagten Listen erstellt wurden.«[163] Bei der Herstellung der Listen hätten mehrere Personen mitgewirkt. »Ich bin sicher, dass für einen Platz auf der Liste hier und da Geld oder andere Geschenke gefordert und auch angeboten wurden. [...] Letztlich hatte jedoch Schindler die Federführung. Er gab die Anweisung, dass natürlich ›seine Leute‹, das heißt, sein jüdisches Arbeitskommando in der Emailwarenfabrik, auf die Liste sollten. [...] Dann bestimmte er, Ehepaare nicht auseinanderzureißen. Wenn eine Frau in der ›Emalia‹ arbeitete, ihr Mann dagegen im Hauptlager beschäftigt war, dann sollte dieser ebenfalls auf die Liste kommen.«[164] Wieder einmal sprach Pemper ausführlich über Schindler, seinen Mut, seine Fürsorglichkeit und seine Weitsicht, damit unzählige Mosaiksteinchen so ineinanderpassten, dass es endlich im Mai 1945 mehr als eintausendeinhundert Überlebende gab. Seine eigenen Widerstandshandlungen erwähnte Pemper an diesem Nachmittag überhaupt nicht. Folglich berichteten die Tageszeitungen am nächsten Tag zwar über das Event, nicht aber über Pemper und seine Produktionslisten.[165]

Pemper verabscheute Halbwahrheiten und Übertreibungen und lehnte eitle Selbstdarstellungen ab. Er werde sich – so zu Beginn seiner Autobiographie – strikt »darauf beschränken, die Wahrheit zu sagen. Kein Wort mehr. Lieber zwei Worte weniger.«[166] Und dieses »Weniger« an Worten praktizierte er aufgrund einer ihm eigenen Bescheidenheit und aus Dankbarkeit gegenüber Schindlers überragender Rettungstat. Dabei hatte Pemper in seinem Buch den Produktionslisten bereits ein ausführliches Kapitel gewidmet, doch meist zögerte er, selbst noch nach 2005, sich bei Vorträgen derart ins Rampenlicht zu stellen.

Wie intensiv ihn trotz grundsätzlicher Zurückhaltung dieses Thema aber umgetrieben haben muss, beweist ein loses Blatt aus dem Nachlass – wahrscheinlich Ende 2008 oder Anfang 2009 eigenhändig in die Maschine getippt. Angeregt durch die bereits erwähnte Headline der *FAZ* fasst der 88-Jährige ein letztes Mal sein ungewöhnliches Vermächtnis in Worte. Amon Göth habe sich im Spätsommer 1943 vornehmlich für die »täglichen Produktionsrapporte unserer (kleinen) Metall- und Formenbau-Betriebe« interessiert, die Berichte über die Textilbetriebe jedoch kaum beachtet. Erst dann habe er, Pemper, den hin und wieder nach Płaszów zu Besuch kommenden Oskar Schindler vorsichtig gebeten, ihm »die technischen Maschinenblätter seiner ausschließlich auf Metallproduktion ausgerichteten Automaten und anderer Maschinen zur Einsichtnahme zur Verfügung« zu stellen. Diese Blätter habe er entsprechend »neutralisiert, damit nicht ersichtlich« werde, dass sie von Oskar Schindler stammten. Das Ganze sei eine absolut geheim verlaufende Aktion gewesen.

Mit den Betriebsleitern der Metallbetriebe habe ich dann eine Liste möglicher Fabrikate/Erzeugnisse zusammengestellt, die mit Hilfe dieser Maschinen von Schindler hergestellt werden könnten. Damit es eindrucksvoller wirkt, habe ich folgenden Trick angewandt: [...] Auf einem DIN-A4-Blatt quer, d. h. 210 x 297 mm, habe ich pro Zeile nur ein Erzeugnis beschrieben: links die Stückzahl, die man im Monat produzieren kann, dann sehr genau alle technischen Details, damit die Zeile voll ausgefüllt wird – und ganz am Ende der Zeile habe ich die Abkürzung od. (= oder) noch hineingequetscht, wobei diese zwei Buchstaben kaum auffallen konnten, weil die Zeile (fast 30cm!) voll war mit technischen Merkmalen des herzustellenden Metallgegenstandes. Meine Überlegung (und Hoffnung) war, dass die hohen Offiziere, die entscheiden sollten, welches Lager wegen der siegentscheidenden (so wörtlich die Vorgabe des SS-Wirtschafts-Verwaltungs-Hauptamtes Berlin-Oranienburg) Produktion durch Verlegung in den Westen erhalten bleiben soll – so überwältigt sein werden, wenn sie die Tabellen mit so großen Stückzahlen diverser Metallprodukte und mit der genauen technischen Artikelbeschreibung sehen, dass sie unser Lager als erhaltenswert eben wegen der siegentscheidenden Produktion einstufen werden [...]. Die Vielzahl der Produkte und die großen Stückzahlen sollten beeindrucken.[167]

Kurz danach bricht der Text unvermittelt ab.

Mietek Pempers Lebensgeschichte als unfreiwilliger Schreiber und Stenograph eines Lagerkommandanten ist einzigartig. Kein jüdischer Häftling außer Pemper hatte für mehr als 18 Monate uneingeschränkt Einblick in die Tagesabläufe eines Zwangsarbeitslagers und späteren Konzentrationslagers. Kein weiterer Häftling im Universum der nationalsozialistischen Lager besaß eine dermaßen umfassende Gesamtkenntnis des Systems. Aufgrund der vielfältigen Aufgaben im Privatbüro des Kommandanten wusste Pemper zudem von Göths illegalen Machenschaften und Unterschlagungen, seiner Geldgier, seiner Amtsträgheit und seiner augenscheinlichen Unterqualifizierung als Lagerkommandant. Nicht umsonst hatte Göth seinen Schreiber wiederholt mit geheimen Arbeiten beauftragt, weil ihm und seinen SS-Leuten die entsprechende Kompetenz fehlte und sie sich überfordert fühlten.[168] Derweil bangte Pemper ständig um sein Leben. Auf den täglich zu absolvierenden Wegen zur Kommandantur hat er sich oft gefragt, ob er abends in die

Schlafbaracke werde zurückkehren können. Er ging davon aus, kurz vor Kriegsende doch noch erschossen zu werden, um niemals als Zeuge gegen Göth auftreten zu können. Und wäre Amon Göth im Herbst 1944 nicht unerwartet von der SS wegen Korruption und Veruntreuung jüdischen Raubgutes verhaftet worden, hätten sich Pempers Befürchtungen vermutlich bewahrheitet.[169] In der späteren Bundesrepublik sagte Pemper in zahlreichen Kriegsverbrecherprozessen aus. Jedes Mal wurde er vereidigt, jedes Mal musste er schwören, die Wahrheit zu sagen, und nichts als die Wahrheit. Doch vor allem dienen Pempers Aussagen über Amon Göth, Gerhard Maurer und das Lager Płaszów – weil durch frühe Gerichtsprozesse in Polen bestätigt – als wichtige Quelle für die historische Forschung.[170]

Dr. Jan Sehn, angesehener Jurist und Mitglied eines polnischen Untersuchungsausschusses zur Aufklärung von Naziverbrechen, hatte sofort nach Kriegsende Pemper gebeten, seine Erinnerungen aufzuschreiben.[171] Darum beruht die Anklageschrift zu Amon Göth in weiten Teilen auf Pempers Aussagen. Zwar hatte er für mehr als 500 Tage in direkter Reichweite des Kommandanten arbeiten müssen, sich dabei aber nicht der Kollaboration schuldig gemacht. Und gerade das qualifizierte ihn entscheidend als Belastungszeugen. Als Jan Sehn Göth in der Untersuchungshaft die Anklageschrift überreichte, hätten ihn die einzelnen Anklagepunkte kaum interessiert. Vielmehr soll Göth beim Überfliegen der zahlreichen Namen der Zeugen ausgerufen haben: »Was? So viele Juden? Und uns hat man immer gesagt, da wird kein Schwanz übrigbleiben.«[172] »Diese ordinäre Formulierung wird mir unvergesslich bleiben« sagt Pemper, »gibt sie doch in meinen Augen einen Hinweis darauf, warum Göth und andere so hemmungslos brutal handelten. Sie taten es in der Gewissheit, mangels überlebender Zeugen niemals zur Rechenschaft gezogen zu werden.«[173]

Abb. 26: Mietek Pemper bei einer seiner Zeugenaussagen im Prozess gegen Amon Göth, August/September 1946

In Anbetracht der inzwischen veröffentlichten Einzelaussagen[174] zum Lager Płaszów erstaunt, dass nur zwei ehemalige Häftlinge unabhängig voneinander hervorgehoben haben, dass sich im Herbst 1943 etwas dezidiert Ungewöhnliches abgespielt hat. Im Unterschied zu ähnlichen Lagern ohne »siegentscheidende« Produktion blieb das ZAL Płaszów erhalten. Was sich damals in diversen Führungszentralen in Berlin oder in Kraków genau abgespielt hat, ist noch nicht erforscht. Die umfangreichen Unterlagen um das Lager Płaszów wurden kurz vor Kriegsende systematisch vernichtet – sowohl in Kraków als auch in Berlin. Doch aufgrund von Pempers verifizierter Tätigkeit im engsten Umkreis von Amon Göth, seinen beglaubigten Zeugenaussagen, seinen eidesstattlichen Erklärungen und gewiss noch zu hebender Unterlagen in polnischen Archiven könnten die besagten

Produktionslisten möglicherweise noch zu finden sein. Vermutlich sehen sie auf den ersten Blick aus wie möglicherweise x-beliebige Listen mit Kapazitätsbeschreibungen für diverse Werkzeug- und Maschinenteile. Doch aufgrund von Pempers Aussagen könnten sie von Relevanz sein, um genauere Auskünfte darüber zu erhalten, was Historikerinnen und Historiker zwar konstatieren, nicht aber beweisen können. Bislang kann niemand genau sagen, warum ausgerechnet das ZAL Płaszów zu einem KZ hochgestuft wurde. Es bleibt zu hoffen, dass Pempers »Kunststücke«, sein »Husarenstück« der »geschönten Produktionslisten« nicht weiterhin als »Märchen«[175] gelten und von der Hand gewiesen werden, denn eines steht fest: Ohne ein im Winter 1943/44 weiterhin existierendes ZAL Płaszów hätte es im Herbst 1944 keine Rettungsaktion von Oskar Schindler geben können.

Doch abgesehen davon, ob die Angelegenheit um Pempers Produktionslisten je genau zu klären sein wird oder nicht: Ein Dreiundzwanzigjähriger hat es damals geschafft, eine mörderische und als übermächtig geltende Nazi-Bürokratie erfolgreich zu täuschen und zu unterlaufen. Mal half er seinem Vater, dann seiner gehbehinderten Mutter.[176] Er versteckte einen Uhrmacher in einem Hinterzimmer von Göths Büro, oder bewahrte eine später nach Israel ausgewanderte Frau vor der Hinrichtung. Er half mit, als sein jüngerer Bruder Stefan Kinder aus dem Ghetto und dem Lager schmuggelte, um sie an wohlwollende Polen zu übergeben.[177] Zu den Geretteten gehörte Menachem Stern, der Neffe von Izak Stern. 1938 geboren, schreibt der mittlerweile pensionierte Arzt aus Tel Aviv im Januar 2004 in der *Berliner Zeitung*:

> Mein Holocaust – wenn ich davon spreche, spreche ich von Erinnerungen. Von den Erinnerungen eines Kindes, hinein geworfen in eine Welt, die verrückt geworden war.

Abb. 27: Wohnung der Familie Pemper in der Parkowa Straße 1 bis 1941. Das Zimmer von Mietek Pemper befand sich links, unmittelbar neben der Eingangstür (2002)

[...] Mein Holocaust – wenn ich daran denke, denke ich an meine Mutter, die mir mehr als einmal das Leben geschenkt hat. Zuerst, als sie sich gegen den Rat so vieler entschied und mich nicht abtrieb. In einer Zeit, als der Krieg schon heraufzog. Dann, als sie sich entschloss, sich nicht an die Vorschriften zu halten und mich nicht in das »Kinderhaus« des Krakauer Ghettos brachte. In ein Haus, aus dem die Kinder später nach Auschwitz gebracht wurden. Ein drittes Mal rettete sie mir das Leben, als sie mir sagte, dass ich fliehen sollte. Und ein viertes Mal, als sie mich nach dem Krieg suchte und fand. Schließlich entschied sie sich gegen den Willen meines Vaters für ein weiteres Kind. Sie gebar meine Schwester. »Damit du nie wieder allein bist«, sagte sie zu mir. [...]

Ich denke an Stefan Pemper, einen vierzehn Jahre alten jüdischen Jungen, der mir half, 1943 aus dem Lager zu fliehen. Ich denke an die Prostituierten in einem Bordell, die mir ein Glas Milch gaben und ein paar Monate Unterschlupf in ihrem Haus. [...] Ich erinnere mich daran, wie ich ohne Eltern lebte, ständig in Angst, entdeckt und gefasst zu werden. Ich erinnere mich an die Todesangst, die Angst, gehasst und getötet zu werden, nur weil man anders ist.[178]

Im Zusammenhang mit Roman Polańskis Oscar-prämiertem Film *Der Pianist* (2002) erzählte Mietek Pemper, sein jüngerer Bruder Stefan sei im Frühjahr 1943 auch für bestimmte Totentransporte zwischen dem liquidierten Ghetto und dem Lager eingeteilt gewesen. Abweichend von Polańskis Autobiographie[179] habe Romans Vater – die Familie Liebling wohnte eine Zeitlang bei den Pempers in der Parkowa Straße 1 zur Untermiete[180] – den damals siebzehnjährigen Stefan Pemper gebeten, bei einer Abendfahrt den Pferdewagen mit Leichen aus dem geräumten Ghetto unter einem Vorwand anzuhalten, damit das unter Toten versteckte, gerade mal neunjährige Kind Raymond/Roman unbemerkt an Polen übergeben werden könne.[181]

Für derartige Rettungsaktionen brauchte es Mut, ungewöhnliche Klugheit und Weitsicht. Mietek Pempers Widerstandshandlungen vollzogen sich stets im Stillen, ohne Blutvergießen, ohne Gewalt und lösten seitens der Nazis keinerlei Vergeltungsmaßnahmen aus. Noch zu Lebzeiten erhielt Pemper dafür zahlreiche Ehrungen und Auszeichnungen. So meinte der damalige Bayerische Ministerpräsident Edmund Stoiber am 22. Juli 2002 in München:

Sie, verehrter Herr Pemper, haben in den Jahren des moralischen Tiefstandes in der deutschen Geschichte den

Abb. 28: Mietek Pemper mit Paul Wengert, Oberbürgermeister der Stadt Augsburg

Mut bewiesen, unter ständiger Gefahr für Ihr eigenes Leben ein beeindruckendes Zeichen der Humanität und des Widerstandes gegen das Unrecht zu setzen. [...] Die Oberfläche – ja bisweilen auch Oberflächlichkeit – unserer Zivilisation ist dünn und brüchig. Der Weg vom Mitmenschen zum Unmenschen kann auch im europäischen Kulturkreis nach wie vor erschreckend kurz sein.[182]

Am 29. April 2007 wurde Pemper zum 40. Ehrenbürger der Stadt Augsburg ernannt.[183] Eine enorme Auszeichnung. In seiner Rede im Goldenen Saal geht Pemper dieses Mal ausdrücklich auf die Produktionslisten ein und betont, rückblickend sei er dankbar, dass er im Lager »eine Aufgabe hatte, bei der ich trotz aller Risiken mitwirken konnte, angebliche Rüstungskapazitäten vorzutäuschen und damit eine bessere Überlebenschance für Tausende von Lagerinsassen zu sichern, die sie mit Sicherheit nicht gehabt hätten, wenn das Lager nur als Bekleidungsgroßnäherei behandelt worden wäre«.[184]

Immer wieder hat Mietek Pemper von dem besonderen Mann gesprochen, der sein gesamtes Vermögen einsetzte, um unter Lebensgefahr mehr als eintausend Menschen vor dem Tod zu bewahren. Der Name Oskar Schindler ist inzwischen weltbekannt. Doch fast ebenso nachdrücklich zollte Pemper auch einem unbekannt Gebliebenen seinen Respekt. Zwar konnte er sich an den Vornamen dieses jungen Mannes nicht mehr erinnern – an seine mutige Tat dafür umso intensiver. Er meinte den SS-Mann Dworschak, der sich geweigert hatte, auf Göths Befehl eine Frau und deren Kind zu erschießen. Für Pemper wurde Dworschaks Weigerung zum positiven Gegenentwurf all jener, die damals – und auch später – behaupteten, aufgrund einer ähnlichen Weigerung wären sie in einem KZ gelandet.[185] Da Göth unmittelbar nach Dworschaks Weigerung seinem jüdischen Schreiber eine Personalnotiz diktiert hatte, kannte Pemper Dworschaks Bestrafung. Keineswegs eine Einlieferung in ein KZ, sondern lediglich eine einstweilige Ausgangssperre und eine Beförderungssperre für einige Monate.[186] »Mehr ist ihm nicht passiert!«, war dann der Satz, mit dem sich Pemper direkt an seine Zuhörerinnen und Zuhörer wandte. Und mit diesem Satz standen jedes Mal die Aufforderungen im Raum: Folgt eurem Gewissen. Seid mutig. Knickt nicht ein vor dem Druck der anderen. Entschuldigt eure Weigerung zum Widerstand nicht kleinmütig damit, dass es sich eh nicht lohne. Am Ende, so Pemper, komme es immer auf die eigene Entscheidung an, ob sich jemand für das Wohl seiner Mitmenschen einsetze oder nicht. Dworschaks Weigerung war für den Lagerhäftling Pemper eine wichtige Ermutigung. Ein gewöhnlicher, ansonsten unauffälliger junger Mann – ein

Abb. 29: Mietek Pemper bei einem Vortrag

SS-Mann – hatte seiner individuellen Verantwortung gemäß gehandelt und sich einer Aufforderung zum Mord verweigert.[187] Man könne, so Jan Phillipp Reemtsma an anderer Stelle, von niemandem verlangen, sich heldenhaft zu verhalten. Wohl aber könne von jedem Menschen verlangt werden, sich nicht wie ein Halunke oder Schuft zu verhalten.[188]

Pemper hat sich in seinen Vorträgen oft auf die Erkenntnisse der Sozialpsychologie bezogen. Schon 1961 konnte Stanley Milgram aufgrund mehrerer Experimente zeigen, dass durchschnittliche Personen autoritären Anweisungen oft selbst dann Folge leisten, wenn diese in direktem Widerspruch zu ihren Werten und ihrem Gewissen stehen. Milgrams ehemaliger Schulfreund Philip Zimbardo kam 1971 mit seinen »Stanford Prison Experiments« zu der gleichermaßen verstörenden Einsicht, dass bei menschlichem Verhalten die Macht der Umstände eine entscheidende Rolle spielt. Der Firnis der Zivilisation ist eben hauchdünn.

»Ich war stets gegen Verallgemeinerungen«, betonte Pemper wiederholt. Er habe seit seiner Jugend darunter gelitten, als Jude pauschal für »alles Mögliche« verantwortlich gemacht worden zu sein.[189] Die ihm von Journalisten, Senioren, Studierenden, Schülerinnen und Schülern häufig gestellte Frage, ob er die Deutschen hasse, beantwortete Pemper stets mit einem klaren »Nein«, denn Hass bringe niemanden weiter.[190] Vielmehr verhindere Hass jede Verständigung und jede Versöhnung. »Ich musste im Lager erleben, dass wir schlimmer als Tiere behandelt wurden. Gleichzeitig traf ich inmitten dieser inhumanen Welt mitleidvolle Menschen, die sich der Aufforderung zu Aggression, Rohheit und Gewalt widersetzten. Das damalige System war verbrecherisch und verleitete viele zu Straftaten, die sie unter anderen Bedingungen wahrscheinlich nicht begangen hätten.«[191] Für diese Schuld müsse sich aber jeder Einzelne selbst verantworten. Darum gab es für Pemper keine Kollektivschuld. Er könne »keine Nation, keine Religion, kein Volk insgesamt verurteilen«.[192] Ihn überkomme nur immer wieder eine große Traurigkeit um den Verlust so vieler Menschenleben. Vor allem erfülle es ihn mit Sorge, dass damals so viele sich hätten manipulieren lassen. Auch habe es wenig Hilfsbereite gegeben. »Was damals passierte, darf um der Zukunft willen nicht vergessen werden.«[193]

Mietek Pemper lebte seit frühester Jugend nach festen ethischen Grundsätzen. Dazu gehörten Wahrhaftigkeit, Eigenverantwortung, Menschenfreundlichkeit und Empathie für Schwächere. 2007, als neuer Ehrenbürger der Stadt Augsburg, zitierte er darum nochmals den Spruch über dem Eingangsportal der kleinen Kirche in der Grodzka-Straße in Kraków: »*Frustra vivit qui nemini prodest*«. »Es gibt keine edlere Aufgabe für einen Menschen, als Menschenleben zu retten. Wenn ich meinen Beitrag dazu leisten konnte, fühle ich mich reichlich belohnt, indem ich die schreckliche Zeit, in der Menschen von Menschen ermordet worden sind, überlebt habe.«[194] Zum Ende seiner Autobiographie hatte Pemper nicht umsonst die Gedichtzeilen von Goethe zitiert: »Edel sei der Mensch / Hilfreich und gut! / Denn das allein / Unterscheidet ihn / Von allen Wesen / Die wir kennen.« Seine Bemerkung »Es ist viel versäumt worden bei der Erziehung des Menschen zum Menschen!«[195] zog sich wie ein roter Faden durch seine unzähligen Vorträge. Diese Versäumnisse gelte es aufzuarbeiten, und zwar täglich, immer wieder in kleinen, freundlichen Gesten und Schritten. Deshalb sprach er besonders gern zu Jugendlichen. Auf ihr Engagement komme es an. Ihre Aufgabe sei es, die Demokratie zu achten und vor deren Feinden zu schützen.

Wenn Pemper darum über seine Lagererfahrungen und über die Notwendigkeit des Erinnerns sprach, dann vor allem, weil er sich Sorgen machte um ein heutzutage nicht auszuschließendes Abgleiten in menschenverachtendes Verhalten. Jeder müsse aktiv zur »politischen und menschlichen Sensibilisierung beitragen«, um in einer »Welt der Inhumanität deutliche Zeichen der Mitmenschlichkeit« zu setzen.[196] Bis zum Ende seines Lebens forderte er darum junge Menschen auf zu produktivem Querdenken und kritischer Reflexion[197] und appellierte an sie, nie der »Verlockung« zu erliegen, »Gewalt und Rücksichtslosigkeit mit ›gesundem‹ Durchsetzungsvermögen« zu verwechseln, oder gar »Gefühlskälte mit Vernunft« gleichzusetzen. Die Menschheit werde erst dann Fortschritte machen, wenn die Ethik der individuellen Verantwortung allgemein Schule mache. Denn die »Bereitschaft, anderen Menschen etwas Gutes zu tun, gegenzuhalten oder Verantwortung zu übernehmen, kommt nicht von allein. Empathie und Mitmenschlichkeit müssen zuhause, in der Schule, in der Gesellschaft gelehrt, ermutigt, kultiviert, täglich praktiziert werden«.[198]

Danksagung

Mein Dank geht an Irmela Amelung, Christa Herring, Ernest G. Harwig und Wolf Schmoll, genannt Eisenwerth, für ihre Anregungen, die Übersetzung von Texten und die Durchsicht des Manuskripts. Frederic K. Herring danke ich für seine Vorschläge zum Design und Stefan Hammerich für die computertechnische Hilfe. Mein besonderer Dank gilt ebenfalls den drei Nichten von Mietek Pemper, die Fotos, Unterlagen und Dokumente aus dem Nachlass bereitgestellt haben.

Anmerkungen

1. Mietek Pemper. Geboren am 24. März 1920 in Kraków. Gestorben am 7. Juni 2011 in Augsburg. Siehe die Webseite von Schülerinnen und Schülern in Augsburg unter der Leitung ihres Lehrers Dr. Bernhard Lehmann: http://www.mietek-pemper.de/wiki/Hauptseite [zuletzt abgerufen am 13.12.2019].

2. Brief von Mietek Pemper aus dem Nachlass in Privatbesitz. Mein Dank geht an Pempers Nichte, Regina Pemper.

3. Es handelt sich um Listen mit den Namen von 700 Männern (21.10.1944) und 300 Frauen aus dem KZ Płaszów. Zusätzlich verfügte Pemper über Listen mit Namen der später von Schindler in Brünnlitz Aufgenommenen, z. B. 81 Häftlinge aus dem AL Golleschau (29. Januar 1945); eine Liste mit sechs Häftlingen aus dem Amtsgerichtsgefängnis Landskron (2. Februar 1945); eine Liste mit 30 Häftlingen aus dem AL Geppersdorf (11. April 1945). Alle Namen erscheinen am 18. April 1945 auf der als »Schindlers Liste« bekannt gewordenen Liste. Die Originallisten aus dem KZ Płaszów mit den Namen von 700 Männern und 300 Frauen gingen – wie damals üblich – nach der Übergabe in Groß-Rosen bzw. in Auschwitz zurück nach Płaszów. Dort sind diese Listen bei der Auflösung des Lagers im Frühjahr 1945 höchstwahrscheinlich vernichtet worden. Siehe Mietek Pemper: *Wie es zu Schindlers Liste kam. Die wahre Geschichte*, Hamburg, 2018, S. 181–208.

4. Christopher R. Browning: *Ganz normale Männer. Das Reserve-Polizeibataillon 101 und die Endlösung in Polen*, Reinbek bei Hamburg, 2009, S. 250. Browning ist kein Fall bekannt, »wo Deutsche, die sich geweigert hatten, die Ermordung unbewaffneter Zivilisten auszuführen, schreckliche Konsequenzen hätten erleiden müssen«.

5. Hans Globke war eines der bekanntesten Beispiele für die personelle Kontinuität der Verwaltungseliten. Als Jurist und Staatswissenschaftler war der Katholik Globke 1935 u. a. Mitverfasser und Kommentator der Nürnberger Rassegesetze. Von 1953 bis 1963 war Glopke Chef des Bundeskanzleramts unter Konrad Adenauer.

6. Oskar Schindler. Geboren am 28. April 1908 in Zwittau, damals Österreich-Ungarn. Gestorben am 9. Oktober 1974 in Hildesheim.

7. Dieter Trautwein: *Oskar Schindler ... immer neue Geschichten*, Frankfurt a. M., 2000, S. 30ff. Der evangelische Pfarrer war seit Mitte der 1960er Jahre ein Vertrauter von Oskar Schindler.

8   Leopold »Polek« Pfefferberg. In den USA Leopold Page. Geboren am 20. März 1913 in Kraków. Gestorben am 9. März 2001 in Beverly Hills. Pfefferberg hat sich seit den 1950er Jahren um die Anerkennung von Oskar Schindler enorm verdient gemacht.

9   Thomas Keneally: *Schindler's Ark*, London, 1982. In deutscher Übersetzung erschienen als *Schindlers Liste*, München, 1983. Die meisten der von Keneally interviewten Zeitzeugen lebten damals in den USA, in Israel, in der Bundesrepublik, Österreich, Argentinien, Brasilien und in Australien. Pfefferberg hat wohl viele der Kontakte vermittelt.

10 Der Film kam in den USA am 7. Dezember 1993 in die Kinos. In die deutschen Kinos kam er im Frühjahr 1994.

11 Stella Müller-Madej. Geboren am 5. Februar 1930 in Kraków. Gestorben am 29. Januar 2013 in Podhale. Das von polnischen Verlagen abgelehnte Buch wurde erst im Zuge der erfolgreichen Spielberg-Verfilmung unter dem Titel *Oczami dziecka. Wspomnienia z dziecinstwa w getcie i obozach koncentracyjnych* (Mit den Augen eines Kindes – Aufzeichnungen einer KZ-Überlebenden) einer breiteren Öffentlichkeit in Polen bekannt. Keneally hat das Buch von Müller-Madej nicht gekannt. Als *Das Mädchen von der Schindler-Liste* wurde Müller-Madejs Buch 1994 im Ölbaum-Verlag in Augsburg veröffentlicht.

12 Die besondere Konstellation von Kindern in nationalsozialistischen Lagern fand in den 1980er und frühen 1990er Jahren in der Forschung wenig Beachtung. Zwar gab es 1958 den Roman *Nackt unter Wölfen* von Bruno Apitz und zeitgleich in Frankreich den Text *La Nuit* von Elie Wiesel. Ruth Klügers Buch *weiter leben* erschien 1994. Jost Hermand publizierte seinen Bericht über die Kinderlandverschickung (KLV) *Als Pimpf in Polen* im Jahr 1997. Die Brisanz der von Kindern erlebten Traumata erhielt 1995 enorme Aufmerksamkeit mit der später als »Fake« entlarvten Autobiographie von Binjamin Wilkomirski: *Bruchstücke. Aus einer Kindheit 1939–1948*. Eine der ersten Fachkonferenzen zu den Themenkreisen »Kinder im Faschismus, im Exil und während des Holocaust« war 1996 eine Tagung an der University of Nevada, Reno. 1997 gab es eine entsprechende Konferenz an der Philipps-Universität in Marburg.

13 Jörg Thunecke: *Wer leben will, stirbt und wer tot zu sein wünscht, muss leben*. Gespräch mit Stella Müller Madcj über ihr Buch *Das Mädchen von der Schindler Liste*. In: *Mit den Augen eines Kindes. Children in the Holocaust. Children in Exile. Children under Fascism*. Hg. Viktoria Hertling, Amsterdam, 1998, S. 26–45.

14 Viktoria Hertling: *Stella Müller-Madej's Memoirs on the Holocaust – Perceptions of Trauma. Through the Eyes of a Child.* In: *The Legacy of the Holocaust. Children and the Holocaust.* Hg. Zygmunt Mazur et al., Kraków, 2002, S. 56–63.

15 Müller-Madej, S. 4.

16 April Voytko Kempler: *The Altered I: Memoir of Joseph Kempler*, Reno, 2013. Amon Göth hatte – laut Unterlagen aus dem Nachlass von Mietek Pemper – vor dem US-Offizier Captain Hugo Romano am 20. Februar 1946 eine fünfseitige, handschriftliche eidesstattliche Erklärung abgegeben. Erst kurze Zeit zuvor war Göth in Bad Tölz verhaftet und identifiziert worden.

17 Im Sommer 2001 kannte ich noch nicht das circa zehnstündige Interview der Shoah History Foundation mit Mietek Pemper aus dem Jahr 1997: http://transcripts.vha.fuberlin.de/interviews/673?gender=M&interview_language=German&locale=de&page=5&-year_of_birth_from=1920&year_of_birth_to=1920ie TRan [zuletzt abgerufen am 13.12.2019].

18 Im Januar 2004 war ich erneut in Płaszów. Obwohl es geschneit hatte, waren aufgrund der fehlenden Belaubung riesige steinmetzverzierte Blöcke der zerstörten jüdischen Aussegnungshalle erkennbar.

19 Details vom Inneren der vormaligen Villa sieht man u.a. in der Dokumentation von James Moll: *Inheritance*. In der deutschen Fassung: *Der Mördervater*, siehe: https://programm.ard.de/TV/arte/der-moerdervater/eid_287246682069421 [zuletzt abgerufen am 13.12.2019]. Moll hatte 2004 Helen Jonas-Rosenzweig, eine der vormaligen Hausangestellten Göths, mit Monika Hertwig zusammengebracht. Hertwig wurde im November 1945 geboren. Sie hat ihren Vater Amon Göth nie bewusst kennengelernt. Wie ich später von Mietek Pemper erfuhr, hat er in den 1990er Jahren mehrere Gespräche mit Monika Hertwig geführt. Mit dem Journalisten Matthias Kessler hatte Hertwig bereits 2002 das Buch *»Ich muß doch meinen Vater lieben, oder?« Die Lebensgeschichte der Monika Göth, Tochter des KZ-Kommandanten aus »Schindlers Liste«* veröffentlicht.

20 Interview mit Mietek Pemper vom 9. Juni 2001.

21 Ebd.

22 Julius Madritsch und Raimund Titsch wurden 1964 in Jerusalem als »Gerechte unter den Völkern« geehrt: http://db.yadvashem.org/righteous/family.html?language=en&itemId=4017885 [zuletzt abgerufen am 13.12.2019].

23 Interview mit Mietek Pemper vom 9. Juni 2001.

24 Mietek Pemper musste für Göth nach Diktat auch Privatbriefe an seine Frau und seinen Vater tippen. Als Lagerkommandant hatte Göth eine Geliebte, Ruth Kalder, die spätere Mutter von Monika Hertwig.

25 NSDAP-Gaukartei und Personalakte, Bundesarchiv Koblenz.

26 Johannes Tuchel: *Die Inspektion der Konzentrationslager. Das System des Terrors 1938–1945*, Berlin, 1994, S. 213.

27 An der University of Nevada, Reno, leitete ich von 1994 bis 2009 das von mir gegründete *Center for Holocaust, Genocide & Peace Studies*. HGPS als akademisches Programm besteht weiterhin.

28 Gunnar Heinsohn: *Warum Auschwitz? Hitlers Plan und die Ratlosigkeit der Nachwelt*, Rowohlt, 1995, S. 134–172.

29 Zu Edward Mosberg siehe: https://sfi.usc.edu/news/2017/09/18211-holocaust-survivor-ed-mosberg-visits-institute-and-screens-new-documentary- [zuletzt abgerufen am 13.12.2019].

30 Regina Pemper zufolge habe selbst sie die Wohnung ihres Onkels nur zwei- oder dreimal betreten.

31 Mietek Pemper: *Der rettende Weg. Schindlers Liste. Die wahre Geschichte*, Hamburg, 2005.

32 Mietek Pemper: *Wie es zu Schindlers Liste kam. Die wahre Geschichte*, Hamburg, 2018. Im Folgenden wird nach dieser Ausgabe zitiert.

33 Die Familie Pemper lebte bis Mitte 1941 in der Parkowa Straße 1. In diesem Stadtteil Podgórze befand sich das Ghetto (offiziell »Jüdischer Wohnbezirk«). Es war teils von Mauern, teils von Stacheldraht umgeben.

34 Interview mit Pemper vom 9. Juni 2001.

35 Ebd.

36 Ebd.

37 Urs Jenny: *Holocaust mit Happy-End?* Der Spiegel, Nr. 21, 24. Mai 1993.

38 Pemper zufolge haben die Nazis später dort ihre Schwerverwundeten von der Ostfront versorgt.

39 Die Nazis hatten die älteste erhaltene Synagoge Polens als Lagerraum genutzt. Seit den 1960er Jahren befindet sich dort ein jüdisches Museum. Die Izaak-Synagoge aus dem Jahr 1644 ist ebenfalls ein Museum. Die Remuh-Synagoge aus dem Jahr 1554 wird als liturgischer Raum genutzt.

40 Henryk M. Broder: *Reise nach Zydoland*, Spiegel Online vom 5. April 2006, http://www.spiegel.de/kultur/gesellschaft/juden-in-krakau-reise-nach-zydoland-a-409793.html [zuletzt abgerufen am 13.12.2019].

41 Interview mit Pemper vom 9. Juni 2001.

42 Pemper hat relativ wenig über die beiden Jahre (1941–1943) im Ghetto von Kraków berichtet und wenn, dann hauptsächlich in Hinblick auf seine Tätigkeit für die Jüdische Gemeinde. Durch diese Arbeit (seit 1939) lernte er früh viele Strukturen der Nazibürokratie kennen. Siehe besonders das Buch des nicht-jüdischen Zeitzeugen Tadeusz Pankiewicz: *Die Apotheke im Krakauer Ghetto*, Friedberg, 2017.

43 Im Rahmen der Voruntersuchungen zum Ersten Auschwitzprozess (1946) in Polen hatte Dr. Jan Sehn Mietek Pemper als Berater hinzugezogen, um stenographische Notizen von Rudolf Höß und Maria Mandel zu entziffern. Siehe: *Wie es zu Schindlers Liste kam*, S. 246f.

44 Gespräch mit Pemper vom 10. November 2002.

45 Gespräch mit Pemper vom 5. März 2003.

46 Gespräch mit Pemper vom 10. November 2002.

47 Zitiert nach der Zeugenaussage von Halina Nelken beim Göth-Prozess. Siehe auch Halina Nelken: *Freiheit will ich noch erleben. Krakauer Tagebuch*, Gerlingen, 1999.

48 Interview mit Pemper vom 9. Juni 2001.

49 Pemper hat auch diese Formulierungen hin und wieder gewählt.

50 *Schindlers Koffer. Berichte aus dem Leben eines Lebensretters*. Eine Dokumentation der Stuttgarter Zeitung. Stuttgart, 1999. Der Koffer des 1974 verstorbenen Oskar Schindler wurde auf einem Dachboden gefunden und an die *Stuttgarter Zeitung* übergeben. Die Dokumente aus dem Koffer befinden sich nunmehr im Archiv der Holocaust-Gedenkstätte Yad Vashem in Jerusalem. Sie sind auch per Mikrofilm im Bundesarchiv Koblenz zugänglich.

51 Pemper reichte 1948 eine Diplomarbeit über deutsche Bilanztheorien ein. Danach arbeitete er als Assistent am Lehrstuhl für Rechnungswesen und Bilanzanalyse an der Hochschule für Ökonomie in Kraków.

52 Der Nazi-interne Ausdruck für das »Verladen« von Häftlingen war »einwaggonieren« und »auswaggonieren«.

53 Da das KZ Groß-Rosen zu dem Zeitpunkt kein Frauenlager mehr hatte, mussten die 300 Schindler-Frauen über das KZ Auschwitz geleitet werden. Es handelte sich hierbei – im Gegensatz zu Aussagen vieler Überlebender – nicht um einen Zufall oder ein Versehen.

54 *Wie es zu Schindler Liste kam*, S. 201f.

55 Interview mit Pemper vom 9. Juni 2001.

56 Dass Pemper während seiner Lagerzeit regelmäßig den *Völkischen Beobachter* und auch Artikel von Joseph Goebbels aus *Das Reich* hatte lesen können, ist in den 1960er Jahren von einem Mitarbeiter des Instituts für Zeitgeschichte angezweifelt worden. Der Titel eines Artikels von Goebbels war irrtümlich als »Weltpolitik der Konstanten« abgedruckt worden. Dieser Titel wurde in der nächsten Ausgabe von *Das Reich* als »Konstanten der Weltpolitik« korrigiert. So stimmte auch hier Pempers Aussage. Siehe: *Wie es zu Schindlers Liste kam*, S. 90.

57 Gespräch mit Pemper vom 6. März 2002.

58 Nach Jahren der Verwahrlosung ist das Gelände der früheren Schindler-Fabrik seit 2010 Teil des Historischen Museums der Stadt Kraków. Siehe www.getyourguide.de/krakau-140/krakau-schindlers-fabrik [zuletzt abgerufen am 13.12.2019].

59 Oskar Schindler an Yad Vashem vom 9. September 1956. In: *Koffer von Oskar Schindler*, Mikrofilm. Bundesarchiv Koblenz.

60 Izak Stern kannte den damals beruflich noch unerfahrenen Schindler aus der Zeit unmittelbar nach der deutschen Besatzung im Herbst 1939. Fest steht, dass Schindler ursprünglich wirklich nicht nach Kraków gekommen war, um jüdische Menschen zu retten. Dass er aber bis 1945 ausschließlich aus egoistisch-wirtschaftlichen Gründen gehandelt habe, ist aus meiner Kenntnis der Unterlagen schwer nachvollziehbar. Siehe: Jitka Gruntová: *Die Wahrheit über Oskar Schindler. Weshalb es Legenden über »gute« Nazis gibt*, Berlin, 2010.

61 Interview mit Pemper vom 9. Juni 2001.

62 Ebd.

63 *Wie es zu Schindlers Liste kam*, S. 122f.

64 Ebd., S. 124.

65 Pemper hat seine Listen in Gesprächen oft auch so bezeichnet. Hin und wieder sprach er von seinem »Husarenstück«.

66 Fax von Pemper an Hertling vom 28. Dezember 2004.

67 *Eksterminacja żydów na ziemiach polskich w okresie okupacji hitlerowskiej*, Warschau, 1957, S. 254f. Siehe auch *Wie es zu Schindlers Liste kam*, S. 126f.

68 Brief von Pemper an Schindler aus dem Nachlass.

69 Die genaueren Ergebnisse dieser Untersuchungen werden hier als bekannt vorausgesetzt.

70 Vortrag von Pemper vom 12. November 2002.

71 Ebd.

72 Ebd.

73 Ebd.

74 Pemper zufolge sollte der mitstenographierte Prozessverlauf zu Göth der erste Band in einer Reihe weiterer Kriegsverbrecherprozesse darstellen. Aufgrund der hohen Herstellungskosten blieb es aber bei dieser Buchveröffentlichung. Die Übersetzung der Unterlagen ins Deutsche erfolgte durch zwei mir nicht näher bekannte junge Polinnen, mit denen Pemper in Kontakt stand.

75 Die Inspektion der Konzentrationslager (IKL) war die zentrale SS-Verwaltungs- und Führungsbehörde für sämtliche NS Konzentrationslager. Später war diese Geschäftsstelle auch als Amtsgruppe D bekannt. Deren Dienststelle – auch das Büro von Maurer – befanden sich im sogenannten T-Gebäude im Berliner Vorort Oranienburg. Das T-Gebäude war wiederum Teil des KZ Sachsenhausen. Das T-Gebäude blieb im Krieg unzerstört. Heute wird es als Finanzamt genutzt. Es gibt dort eine kleine Gedenkausstellung. Der ehemalige Sitzungssaal der SS-Oberen kann besichtigt werden.

76 *Wie es zu Schindlers Liste kam*, S. 137f.

77 In dem von Marie Elisabeth Müller am 24. Februar 2003 in *Der Freitag* veröffentlichten Artikel »Unter der dünnen Lackschicht der Normalität« finden sich eine Anzahl von Ungenauigkeiten. Pemper war darüber sehr verärgert. So schreibt Müller, das Lager Brünnlitz sei ein »Filiallager von Auschwitz« gewesen. Auch habe Schindler bereits seit »Sommer 1940 Arbeiter aus dem Lager Krakau-Plaszow« eingestellt. Das ZAL Płaszów existierte erst ab März 1943. Zum Artikel von Müller siehe folgenden Link: https://www.freitag.de/autoren/der-freitag/unter-der-dunnen-lackschicht-der-normalitat [zuletzt abgerufen am 13.12.2019].

78 Bis 1958 waren Telefonverbindungen oder Briefkontakte zwischen Polen und Israel eher selten. Doch in den 1960er Jahren gab es wieder engere Kontakte zwischen Izak Stern und Mietek Pemper. Bis 2005 wusste Pemper allerdings nichts von dem besagten Bericht.

79 Stern Report 1956, S. 27f. Yad Vashem Archiv Nr. 01164. Siehe Exkurs von Viktoria Hertling in: *Wie es zu Schindlers Liste kam*, S. 269–274.

80 Ebd.

81 David M. Crowe: *Oskar Schindler. The Untold Account of the Life, Wartime Activities, and the True Story Behind the List*, Cambridge, 2004, S. 251.

82 Aktenzeihen NS 19/2234 aus dem Bundesarchiv Koblenz, S. 1 und S. 4f.

83 *Wie es zu Schindlers Liste kam*, S. 126ff.

84 Crowe: S. 722. Hier schreibt er, das erste Interview mit Pemper habe für ihn ein Bekannter aus Augsburg am 26. Oktober 1996 geführt. Später habe Crowe dann wohl allein, d.h. ohne Übersetzer, mit Pemper gesprochen, und zwar am 26. Mai 1999 und am 17. Januar 2000. Zu einigen von Crowes Fehleinschätzungen gehört, dass Göth kein »SS-Sturmführer« gewesen sei (S. 196). Auch hieß der SS-Mann, der Pemper Zugang zum Panzerschrank mit den Geheimdokumenten ermöglichte (damit Pemper Briefe für ihn schreiben konnte, mit denen er ansonsten überfordert gewesen wäre), Grabow und nicht »Gaube« (S. 228).

85 Ebd. S. 196.

86 Ebd. S. 237.

87 Ebd. S. 241.

88 Ebd. S. 361.

89 Siehe dazu: *Wie es zu Schindlers Liste kam*, S. 199f.

90 Siehe dazu die ausführlichen Unterlagen aus Schindlers Koffer.

91 Die Rede ist teilweise abgedruckt in der Publikation der *Stuttgarter Zeitung*. Mietek Pemper zufolge handelt es sich bei diesem Text nicht um eine Mitschrift, sondern um ein von Oskar Schindler getipptes Redemanuskript. Zwar erinnerte sich Pemper, dass Schindler die Rede frei gehalten habe, doch gibt es im Manuskript die Eigenart, zum Satzende nach einem Punkt keine Leertaste zu lassen. Das sei typisch für Schindler gewesen. Einer professionalen Schreibkraft wäre ein solcher Fehler nicht unterlaufen.

92 Trautwein, S. 112.

93 Brief von Pemper vom 25. Januar 1961 aus dem Nachlass.

94 Brief von Pemper vom 27. Juli 1969 aus dem Nachlass.

95 Von Pemper autorisierter Mitschnitt seines Telefonats vom 7. Februar 2005.

96 Ebd.

97 Izak Sterns Bericht.

98 *Wie es zu Schindlers Liste kam*, S. 256.

99 Gespräch mit Pemper vom 18. November 2005. Gnadengesuch aus dem Nachlass.

100 Zu den Themen »Gegenzeugen« und »Gegenbeweise« heißt es in Mietek Pempers Autobiographie *Wie es zu Schinders Liste kam*: »Absurd wirkte im Verlauf der Vorbereitungen zur Hauptversammlung Göths Antrag, seinen Freund Oskar Schindler, den jüdischen Arzt Dr. Aleksander Biberstein, den ehemaligen jüdischen Lagerarzt Dr. Leo Groß und auch mich als Entlastungszeugen vorzuladen. [...] Hier verkalkulierte er [d. h. Amon Göth, V. H.] sich einfach. Daß wir wenigen Juden noch am Leben waren, hatten wir zuallerletzt ihm zu verdanken – vielleicht wollte er mit seinem befremdlichen Ansinnen das Gegenteil suggerieren. Man informierte ihn: Dr. Groß sitze ebenfalls im Gefängnis und stehe unter Anklage der Kollaboration, während Dr. Biberstein und Mietek Pemper bereits Zeugen der Anklage seien. Oskar Schindler halte sich irgendwo im zerstörten Deutschland auf und sei für die polnischen Justiz nicht erreichbar« (S. 235). Weiter heißt es bei Pemper: »Der Prozess gegen Göth war das erste große Verfahren dieser Art in Polen. Die Ermittlungen und der Prozessverlauf entsprachen den Statuten des Internationalen Militärgerichtshofs in Nürnberg. Göth hatte zwei Pflichtverteidiger und einen Dolmetscher, und vor dem Gerichtssaal stand einsatzbereit ein Sanitäter. Die Anklageschrift lag auch in deutscher Übersetzung vor. Göth durfte während des Verfahrens Fragen stellen, Gegendarstellungen vorbringen und sogar Zeugen ins Kreuzverhör nehmen. [...] Ich bin der Meinung, Göth wurde fair behandelt und bekam keineswegs, wie später gelegentlich behauptet wurde, ein Schnellverfahren« (S. 327f.).

101 Brief von Steven Spielberg an Mietek Pemper aus dem Nachlass.

102 Pemper hat mir 2002 eine Kopie des Fotos geschenkt.

103 *Augsburger Allgemeine* vom 17. Januar 2007. U. a. auch in der Radiosendung »Domradio« vom 9. Juni 2011: https://www.domradio.de/nachrichten/2011-06-09/augsburg-trauert-um-ehrenbuerger-mietek-pemper [zuletzt abgerufen am 13.12.2019].

104 Storyboards werden bereits vor eigentlichem Drehbeginn zur Visualisierung und Planung einzelner Filmszenen mittels skizzenhafter Darstellungen eingesetzt.

105 Telefonische Aussage von Pempers Nichte Regina Pemper vom 17. Februar 2019.

106 Gespräch mit Pemper vom 18. November 2005.

107 Ebd.

108 Ebd.

109 Siehe Urs Jenny: *Holocaust mit Happy-End?* Der Spiegel, Nr. 21, 24. Mai 1993.

110 Auf meine Anfrage über die näheren Umstände seines Treffens mit Mietek Pemper erhielt ich von Thomas Keneally keine Antwort. Er erwähnt in *Searching for Schindler*, New York, 2007, S. 76f. lediglich Folgendes: »At the airport in Munich we [Pfefferberg und Keneally] were met by the sober, reticent, learned Mietek Pemper [...]. Pemper either agreed or asked to read the manuscript when it was done – his manner made it hard to distinguish an offer from a demand. In any case, he would be able to sort out its excesses and errors, and I was pleased that he was willing to do so.« Das Buch ist ein geschwätziges, eher selbstgefälliges Buch mit diversen Anekdoten von der Suche nach ehemaligen Schindler-Juden zusammen mit Leopold Pfefferberg.

111 Keneally: *Schindler's List*, London, 1982, S. 14.

112 Zu übersetzen als: *Oskar! Eine Studie eines Retters und der Geretteten.*

113 22-seitiges Schreiben von Pemper an Keneally aus dem Nachlass. Eine Kopie von Keneallys Romanmanuskript *Oskar!* fand sich ebenfalls im Nachlass.

114 Es handelt sich um die englischsprachige Version des Romans.

115 Der polnische Politiker Pilsudski hieß nicht »Pildudski«; der SS- und Polizeiführer von Kraków war Julian Scherner und nicht »Julius« Scherner; Leni Riefenstahl hieß nicht »Rietenstahl«. Pemper hat auch viele der »eingedeutschten« Straßennamen in Kraków überarbeitet, die Rechtschreibung von polnischen Ortschaften sowie Dienstadressen der SS in Kraków korrigiert.

116 Seite 11 des Typoskripts aus dem Nachlass.

117 In *Searching for Schindler* spricht Keneally weiterhin von Pemper als »secretary to Amon Goeth« (S. 76) und als »Oskar's former secretary« (S. 58).

118 Seite 12 des 22-seitigen Typoskripts aus dem Nachlass.

119 Brief von Pemper an Keneally vom 23. Januar 1982, S. 2 aus dem Nachlass.

120 Zu den Schwierigkeiten um diese Frage siehe Claude Lanzmanns Film aus dem Jahr 2013 über Benjamin Murmelstein, *Der letzte der Ungerechten*, https://de.wikipedia.org/wiki/Der_letzte_der_Ungerechten [zuletzt abgerufen am 15.12.2019].

121 Brief von Pemper an Keneally vom 23. Januar 1982, S. 1 aus dem Nachlass.

122 Ebd. S. 1f.

123 Ebd. S. 2.

124 Ebd.

125 Brief von Pemper an Keneally vom 23. Januar 1982, S. 2 aus dem Nachlass.

126 Ebd.

127 Gespräch mit Pemper vom 5. März 2002.

128 Dieses Detail lässt vermuten, dass Keneally im Vorfeld doch ein längeres Gespräch mit Mietek Pemper geführt haben muss. Der Grund für die falsche Darstellung liegt darum eindeutig bei Keneally.

129 *Schindlers Liste*, S. 230 und *Schindler's List*, S. 296.

130 *Wie es zu Schindlers Liste kam*, S. 118.

131 Raul Hilberg: *Die Vernichtung der europäischen Juden*, 3. Bände, Frankfurt a. M., 1990.

132 Gerald Reitlinger: *Die Endlösung. Hitlers Versuch der Ausrottung der Juden Europas 1939–1945*, Berlin, 1979, S. 138, S. 309, S. 337 und S. 583.

133 Kurt R. Grossmann: *Die unbesungenen Helden. Menschen in Deutschlands dunklen Tagen*, Berlin, 1957, S. 147ff.

134 Ebd. S. 150–160.

135 *Kommandant in Auschwitz. Autobiographische Aufzeichnungen des Rudolf Höß*, München, 2004, S. 227.

136 Ebd.

137 Zwar durfte Oskar Schindler 1962 in der »Allee der Gerechten unter den Völkern« in Jerusalem einen Baum pflanzen. Die vollwertige Auszeichnung erfolgte aber erst nach dem Welterfolg von Steven Spielbergs Film. In Deutschland erhielt Schindler 1965 das Bundesverdienstkreuz 1. Klasse.

138 Keneally: *Searching for Schindler*, S. 44ff. Der Autor beschreibt hier, wie ihm in Sydney der ehemalige Lagerarzt Dr. Roman Rosleigh – obwohl im engeren Sinne kein »Schindler-Jude« – über einer Tasse Tee Teile der Prozessakten von Göth übersetzt habe. Durch Rosleigh muss Keneally auch viel über Izak Stern erfahren haben.

139 Bei einem meiner letzten Besuche in der Gedenkstätte Yad Vashem im Jahr 2007 bemerkte ich, dass der Name Amon Göth noch immer lediglich mit dem ZAL Płaszów und nicht mit dem KZ in Verbindung gebracht wird.

140 Keneally: *Schindlers Liste*, S. 8.

141 Eugen Kogon: *Der SS-Staat. Das System der deutschen Konzentrationslager*, München, 1946.

142 U.a. durch die Berichte in der *FAZ* zum Auschwitz-Prozess in Frankfurt a. M. von Bernd Naumann. Siehe dazu: https://de.wikipedia.org/wiki/Bernd_Naumann_(Journalist) [zuletzt abgerufen am 13.12.2019].

143 *Wie es zu Schindlers Liste kam*, S. 13.

144 Brief und Schreiben mit Anmerkungen von Pemper an Keneally, S. 19f. aus dem Nachlass.

145 *Wie es zu Schindlers Liste kam*, S. 115.

146 Brief und Schreiben mit Anmerkungen von Pemper an Keneally, S. 19 aus dem Nachlass.

147 Ebd. S. 20.

148 Brief von Pemper an Keneally vom 23. Januar 1982 aus dem Nachlass.

149 Brief von Keneally an Pemper vom 1. April 1982 aus dem Nachlass.

150 Es ist möglich, dass Blairs Schindler-Film eine Auftragsarbeit für Steven Spielberg war in Hinblick auf dessen wenige Monate zuvor gesicherten Filmrechte. Blair hat Teile des Interviews mit Pemper nicht in seiner Dokumentation »Schindler« verwendet. U.a. führt Blair für seinen Film auch ein Interview mit Göths ehemaliger Ge-

151 Segment aus Interview mit Pemper durch Jon Blair vom 28. Januar 1983 – also knappe vier Monate nach dem Erscheinen des Keneally-Romans in London, https://collections.ushmm.org/search/catalog/irn510767 [zuletzt abgerufen am 14.12.2019].

152 E-Mail von Blair an Hertling vom 15. November 2019.

153 Im Jiddischen verwendet man das Wort im Sinne eines guten, mitfühlenden Menschen, wobei kein qualifizierendes Adjektiv notwendig ist.

154 Der historische Izak Stern war weder in Schindlers Außenlager »Emalia« tätig, noch war er der »Sekretär« von Amon Göth. Stern war Buchhalter in Płaszów und für Lagerabrechnungen zuständig. Mietek Pemper, Izak Stern und dessen Bruder Natan Stern – im Film nicht in Erscheinung tretend – teilten sich im Hauptlager Płaszów eine Dreierpritsche in einer Sonderbaracke für Häftlinge, die regelmäßig mit SS-Angehörigen Kontakt hatten. Hier waren die hygienischen Zustände besser als in anderen Teilen des Lagers. Die SS-Leute hatten große Angst vor Ansteckungskrankheiten. Pemper, Izak und Natan Stern konnten sich so regelmäßig austauschen.

155 Siehe dazu auch die ausführlichen Berichte von Oskar Schindler aus seinem Koffer.

156 Helena Hirsch, um die es hier vermutlich ging, hat 1946 beim Göth-Prozess ausgesagt. Göth habe sie mehrmals fast zu Tode geprügelt, mit Messern nach ihr geworfen und sie einmal sogar ins Bein getroffen. »Ich wurde sehr oft für zu heiße oder zu kalte Speisen schikaniert. Ich wurde bei kleinsten Fehlern ins Gesicht geschlagen, getreten und geprügelt.« Oft war Göth dabei betrunken und darum besonders gewalttätig. Auf die Frage des Verteidigers hin gab Helena Hirsch folgende Charakterisierung von Amon Göth: »Er veränderte sich wie ein Chamäleon. Manchmal war er ruhig, als ob es ihm leidtäte, dann war er wie eine wilde Bestie.« In Blairs Dokumentation erzählt sie allerdings von einem entsprechenden Kartenspiel zwischen Göth und Schindler.

157 Paul Celan: »Todesfuge«. In: *Die besten deutschen Gedichte*. Ausgewählt von Marcel Reich-Ranicki. Berlin, 2012, S. 229f.

158 Pressemitteilung vom 25. Juni 2001. Gleichzeitig geehrt wurde auch Władysław Bartoszewski – polnischer Widerständler, Historiker, Publizist und Diplomat.

159 Mietek Pemper: *Über Mut zum Widerstand*. Alumni Augsburg International. Zeitschrift für ausländischen Absolventinnen und Absolventen der Universität Augsburg. Nr. 6, Mai 2003, S. 18.

160 Eine Auswahl der Erstrezensionen: Henryk M. Broder, *Im Vorzimmer des Bösen*, Spiegel, 17. Oktober 2005; Claudia Keller, *Der Mann hinter Schindlers Liste*, Der Tagesspiegel online, 27. Januar 2006; Andreas Mix, *Ein Mann für außergewöhnliche Zeiten*, Berliner Zeitung, 28. August 2015; Daniel Opper, *Schindlers Listenschreiber*, Streitbar. Das Medienmagazin, 2. Mai 2005; Christine Brink, *Gerissener Menschenretter*, Die Zeit, 1. September 2005; Hubert Leber, *Schindlers andere Liste*, Literaturen, November 2005; Angela Martin, *Retter von trauriger Gestalt*, Junge Welt, 19. Oktober 2005. Hier einige Rezensionen der Neuausgabe von 2018: *Engel in der Hölle*, Pforzheimer Kurier, 8. August 2018; *Der Hauptzeuge gegen ›den Bösen‹*, Augsburger Allgemeine, 27. September 2018; *Schindler*, Jüdische Allgemeine, 14. September 2018; Alois Knoller, *Einer, der die Wahrheit liebte*, Augsburger Allgemeine, 28. April 2018.

161 New York Times, 2. November 2008, S. 7.

162 Hans Riebsamen, *Die Liste, die Schindlers Liste möglich machte. Mietek Pemper, Sekretär des KZ-Kommandanten Amon Göth, bewahrte an die 20 000 Juden vor dem Vernichtungslager*, FAZ, 25. September 2005.

163 Vortrag von Pemper vom 4. Juni 2007. Siehe auch *Wie es zu Schindlers Liste kam*, S. 199f. Pemper bezieht sich hier auf das Interview von Dr. Stanley Robbin in: Elinor J. Brecher: *Schindler's Legacy. True Stories of the List Survivors*. New York, S. 427–432.

164 *Wie es zu Schindlers Liste kam*, S. 194f.

165 Claudia Keller, *Held der Zivilisation. Mietek Pemper half Oskar Schindler, 1200 Juden zu retten. Gestern wurden beide geehrt*, https://www.tagesspiegel.de/berlin/held-der-zivilisation/862802.html [zuletzt abgerufen am 14.12.2019] und Berliner Morgenpost: *Oskar Schindler posthum als Retter geehrt. Der Botschafter des Staates Israel in Berlin, Shimon Stein, hat gestern eine Ehrung für Oskar Schindler entgegengenommen*, https://www.morgenpost.de/printarchiv/bezirke/article103217384/Oskar-Schindler-postum-als-Retter-geehrt.html [zuletzt abgerufen am 14.12.2019].

166 *Wie es zu Schindlers Liste kam*, S. 13.

167 Loses Blatt aus dem Nachlass.

168 *Wie es zu Schindlers Liste kam*, S. 184.

169 Johannes Sachslehner: *Der Tod ist ein Meister aus Wien. Leben und Taten des Amon Göth*. Wien, 2008. Erneut aufgelegt 2013 unter dem Titel *Der Henker. Leben und Taten des Amon Göth*. Abgesehen von der Frage, ob es angemessen ist, eine Gedichtzeile Paul Celans in leicht abgeänderter Form als Titel für ein Buch über einen Massenmörder zu verwenden, verzichtet Sachslehner weitgehend auf Zitate und paraphrasiert weite Teiles aus Pempers Autobiographie ohne Quellenangaben. Sachslehner zufolge habe es sich bei Göths Verfahren um einen »durchgepeitscht[en]« Prozess gehandelt. Die »ganze Wahrheit« sei nicht ans Licht gekomken. Die polnischen Richter seien entschlossen gewesen, Göth an den Galgen zu bringen. (S. 378) Zum Schluss interessiert ihn die Frage, wie »dieser ›normale‹ Bürger, ein intelligenter, gebildeter Mann und dreifacher Vater plötzlich zu morden« beginnen konnte. (S. 380) Auch sei dem »Mony« (sic!) keine richtige »Grabstätte zugedacht« worden. (S. 381) Stattdessen habe man die Leiche verbrannt und die Asche in die Weichsel verstreut. Zu fragen ist hier, ob es Aufgabe eines Kriegsverbrecherprozesses – zumal im Jahr 1946! – ist, die Taten eines Massenmörders aus sozialpsychologischer Sicht zu »verstehen«. Göth ist zudem kein »gebildeter« Mensch gewesen. Abgesehen davon, dass hier nicht der Ort sein kann, um »Bildung« zu definieren, meinte Pemper, Göths Ausdrucksweise sei oft ausgesprochen vulgär gewesen. Sein Musikgeschmack habe sich auf Schlager und die »leichte Muse« beschränkt, und Bücher habe er in Göths Villa keine gesehen. Dass Göths Verhalten den Häftlingen gegenüber äußerst brutal war, bezeugt u. a. Henryk Mandels Zeugenaussage beim Göth-Prozess. »Der Angeklagte griff dann nach einem Ziegelstein und schlug ihm [dem Häftling] in den Hinterkopf, so dass der Ziegelstein in die Brüche ging. [...] Jeder hatte sich nach dem Schlagen bei Göth zu melden. Der Angeklagte fragte dann, ob er zufrieden sei und ob er wisse, wofür er bestraft wurde. [...] Der Angeklagte ordnete dann an, niemand dürfe verbunden oder mit Jodtinktur desinfiziert werden.«

170 Zitiert nach der Einführung von Barbara Staudinger anlässlich einer Lesung und eines Vortrags von Viktoria Hertling im Jüdischen Museum Augsburg/Schwaben am 26. September 2018.

171 Zu dem polnischen Juristen Jan Sehn folgender Hinweis aus Wikipedia: https://en.wikipedia.org/wiki/Jan_Sehn [zuletzt abgerufen am 14.12.2019]. Die Untersuchungen von Sehn zum KZ Auschwitz *Konzentrationslager Oswiecim-Brzezinka (Auschwitz-Birkenau)* aufgrund von Dokumenten und Beweisquellen wurden 1957 in Warschau publiziert. Sehns Ermittlungen spielten auch eine bedeutende Rolle im Frankfurter Auschwitz-Prozess. Einsicht in den Nachlass

von Sehn oder dessen Untersuchungen zum KZ Płaszów dürften von großem Interesse für die historische Forschung sein: https://www.ies.gov.pl/index.php/pl/0-instytucie/historia-1/104-historia/221-jan-sehn [zuletzt abgerufen am 14.12.2019].

172 *Wie es zu Schindlers Liste kam*, S. 235. Sachslehner zitiert diesen ausschließlich durch Pemper überlieferten Ausspruch nicht nur ohne Quellenhinweis, er zitiert diesen Satz auch noch falsch! Bei Sachslehner (S. 372) heißt es: »Man hat uns doch gesagt, dass kein Schwanz von denen überleben wird.«

173 *Wie es zu Schindlers Liste kam*, S. 235.

174 Siehe u.a.: Brecher: *Schindler's Legacy. True Stories of the List Survivors*. Hier gibt es allerdings keine Aussagen von Pemper oder Stern.

175 Mietek hat seine Handlungen oft mit diesen Worten umschrieben.

176 Der größere Familienverband von Mietek Pemper – Cousins, Cousinen, Tanten und Onkel, Nichten und Neffen mütterlicher- als auch väterlicherseits umfasste mehr als einhundert Personen, von denen die meisten den Holocaust nicht überlebten. Ihr genaues Schicksal ist nicht bekannt.

177 *Wie es zu Schindlers Liste kam*, S. 35 und S. 61.

178 Menachem Stern: *Mein Holocaust. Ein Kind überlebt das große Morden. Ein Mann erinnert sich an das Kind, das er war. Und erzählt seine Geschichte*. Berliner Zeitung vom 24. Januar 2004, und Miriam Hollstein: *Von Auschwitz gibt es keine Erlösung* vom 23. Januar 2005. Siehe https://www.welt.de/print-wams/article120727/Von-Auschwitz-gibt-es-keine-Erloesung.html [zuletzt abgerufen am 14.12.2019].

179 Roman Polanski: *Roman*. Bern und München, 1984.

180 *Wie es zu Schindler Liste kam*, S. 35.

181 Ebd., S. 61.

182 Das Redemanuskript von Edmund Stoiber fand sich im Nachlass von Mietek Pemper.

183 2002 erhielt Mietek Pemper das Bundesverdienstkreuz 1. Klasse; 2003 die Medaille für Augsburg. Die Stadt Augsburg hat nach dem Tod von Mietek Pemper einen langen Geh- und Radweg nach ihm benannt – ganz in der Nähe der Oskar-Schindler-Straße.

184 Im Goldenen Saal ernannte die Stadt Augsburg Mietek Pemper am 29. April 2007 zum 40. Ehrenbürger. Das Redemanuskript von Pemper fand sich im Nachlass.

185 *Wie es zu Schindlers Liste kam*, S. 150f.

186 Ebd., S. 150.

187 Ebd., S. 148.

188 Jan Phillipp Reemtsma: »*Wie hätte ich mich verhalten?*« *und andere nicht nur deutsche Fragen*. München, 2001, S. 184.

189 *Wie es zu Schindlers Liste kam*, S. 265.

190 Das betonte auch Menachem Stern in *Mein Holocaust*: »Ich ziehe es vor, nicht zu hassen, das ist möglich. Das ist jedem möglich. Und das ist die Lehre, die ich in meinem Leben gelernt habe. [...] Das ist die Botschaft, und wenn wir sie beherzigen, lernen wir vielleicht auch zu lieben.«

191 Gespräch mit Pemper vom 9. Juni 2001. Ähnliches zeigte sich bei dem »Samariter-Experiment« der Sozialpsychologen John M. Darley und C. Daniel Batson: »*From Jerusalem to Jericho. A Study of Situational and Dispositional Variables in Helping Behavior.*« In: *Journal of Personality and Social Psychology* aus dem Jahr 1973. Siehe dazu https://psycnet.apa.org/record/1973-31215-001. [zuletzt abgerufen am 14.12. 2019].

192 *Wie es zu Schindlers Liste kam*, S. 265.

193 Ebd.

194 Pempers Redemanuskript aus dem Nachlass anlässlich der verliehenen Ehrenbürgerwürde am 29. April 2007 in Augsburg.

195 *Wie es zu Schindlers Liste kam*, S. 266.

196 Ebd. S. 268.

197 Ebd. S. 265.

198 Mitschrift von Pempers Vortrag vom 12. November 2002 in Kaufbeuren.

Abbildungsnachweis

Viktoria Hertling: Abb. 2, 3, 4, 5, 6, 7, 8, 9, 10, 12, 13, 14, 15, 16, 17, 24, 26
Nachlass Mietek Pemper: Abb. 1, 11, 18, 19, 21, 23, 25, 28
Regina Pemper: Abb. 27
David James: Abb. 20

Trotz intensiver Bemühungen konnten nicht alle Inhaber von Bildrechten ausfindig gemacht werden. Rechteinhaber, die nicht berücksichtigt wurden, mögen sich bitte an den Verlag wenden.

Impressum

Die Deutsche Nationalbibliothek verzeichnet diese Publikation in der Deutschen Nationalbibliografie; detaillierte Daten sind im Internet über https://portal.dnb.de/ abrufbar.

© 2020 Hentrich & Hentrich Verlag Berlin Leipzig
Inh. Dr. Nora Pester
Haus des Buches
Gerichtsweg 28
04103 Leipzig
info@hentrichhentrich.de
http://www.hentrichhentrich.de

Lektorat: Philipp Hartmann
Gestaltung: Gudrun Hommers
Druck: Winterwork, Borsdorf

1. Auflage 2020
Alle Rechte vorbehalten
Printed in Germany
ISBN 978-3-95565-371-2